LA

Voix de Victor Hugo
dans la guerre mondiale

et ses Prophéties
extraites de son œuvre

Albert FUA

15, RUE SOUFFLOT, 15. — PARIS

Au père de la Patrie
Georges Clémenceau
Très Humble hommage
de [signature]

LA
Voix de Victor Hugo
dans la Guerre Mondiale

LA
Voix de Victor Hugo
dans la Guerre Mondiale

et ses Prophéties

EXTRAITES DE SON ŒUVRE

PAR

Albert FUA

PARIS
LIBRAIRIE DELAGRAVE
15, RUE SOUFFLOT, 15

1920

TABLE

DEUXIÈME PARTIE
VUES PROPHÉTIQUES

CONCLUSION

Lorsque je vis Victor Hugo pour la première fois, à Bruxelles, à la fin de l'empire, je n'avais pas vingt ans. Je m'étais forgé une impression d'après les récits que j'avais entendus. Ne m'avait-on pas représenté Victor Hugo comme une sorte de pontife qui rendait des oracles, qui, en vers comme en prose, construisait la cité idéale, la cité de l'amour et de la réconciliation entre les hommes?

On m'avait dit : « C'est un sublime rêveur qui vous entraînera dans les régions supérieures. » Je fus un peu troublé, mais je me résignai bien vite, en pensant que mon intelligence insuffisamment cultivée devait subir la cruelle nécessité de ne pouvoir atteindre à ces cimes inaccessibles.

Quelle ne fut pas ma surprise lorsque je l'entendis raconter, avec une simplicité qui me déconcerta un peu, ses aventures de voyage dans un langage vivant, coloré, amusant, pittoresque.

J'avais pensé tout aussitôt qu'il s'était mis à ma hauteur, qui n'était pas très grande.

Quelques années plus tard, jeune étudiant, je revis Victor Hugo à Paris; d'abord pendant la guerre de 1870, ensuite dans son petit hôtel de l'avenue d'Eylau. Il me semblait plus distant, plus solennel, sans doute parce qu'il n'était plus dans le cadre plus intime de son exil et qu'il était entouré d'une cour d'admirateurs; il n'en était pas moins pour nous, qui appartenions à la jeunesse des écoles, le dieu de la poésie.

On était lancé dans les luttes politiques, et ce qui me frappa, c'est que Victor Hugo, par ses idées, me paraissait bien en avance sur le siècle.

J'étais jeune, crédule, tout imbu de ces idées généreuses qui nous séduisent et nous entraînent; et à ceux qui persistaient à le considérer comme un professeur d'illusions et de chimères je répondais : « Et cependant s'il avait raison ? »

C'était le secret de l'avenir, un avenir que je n'espérais pas entrevoir. Cet avenir, c'est le présent d'aujourd'hui. Victor Hugo a été le devin des événements. Ses œuvres sont devenues les prêtresses de l'actualité.

Pendant toute la guerre, des fragments en ont été reproduits dans les journaux, lus dans des conférences, cités dans des discours, récités dans des théâtres, comme s'ils avaient été écrits pour la circonstance.

Singulier privilège du poète qui avait la prescience des temps futurs et qui avait su tirer des événements dont il était le témoin toutes les possibilités de découvertes scientifiques et toutes les probabilités des transformations sociales que l'avenir devait confirmer.

Pendant qu'on répandait un peu partout, dans les journaux et dans les prétoires, cette semence aux quatre vents de l'esprit, un écrivain, blotti dans sa chambre de travail, au milieu d'un amoncellement de livres, enfermé pendant plusieurs mois comme un bénédictin dans sa cellule, relisait l'œuvre de Victor Hugo. Il notait avec un soin scrupuleux tous les passages — prose et vers — qui avaient une relation étroite avec les événements d'hier, d'aujourd'hui et aussi de demain, et nous faisait entendre la Voix de Victor Hugo dans la guerre mondiale, en nous initiant à ses vues prophétiques. Il était comme le sonneur qui met en mouvement l'une après l'autre toutes les cloches d'une cathédrale et parcourt toute la gamme de la basse à la haute.

Ce fut ainsi qu'il écrivit ce livre curieux, original et révélateur.

Vous pourriez croire que ce chercheur patient, obstiné, passionné, est un moine ou un savant cloîtré dans un cabinet de travail tout tapissé de manuscrits et de livres. Quelle erreur! C'est un auteur dramatique qui a fait ses preuves en donnant au Théâtre des Poètes, en 1896, un drame en deux actes, la Jeunesse de Luther, « d'un art incontestable », suivant l'expression de Henry Fouquier; qui a eu le privilège d'être loué par des critiques comme Jules Lemaître et Catulle Mendès. C'est M. Albert Fua.

Or le drame, c'est la vie, c'est le mouvement, c'est le choc des passions : étrange ou plutôt apparente transformation d'un esprit qui, plus préparé aux batailles de la rampe, se consacre pendant de longs mois à un travail de cloître ardu et minutieux. Mais non. L'homme ne s'est pas transformé, il est resté, en changeant de terrain, ce qu'il était, un enthousiaste, épris d'art et de poésie. Il avait suivi toutes les péripéties du drame le plus tragique de l'histoire, et, au lieu d'en être le metteur en scène, il s'était adressé à Victor Hugo, s'effaçant modestement derrière le dieu auquel il élevait un autel.

C'est que, depuis bien des années, chantaient dans sa

mémoire les vers du poète, s'éveillaient les discours, les appels en faveur des opprimés, les glorifications du droit et de la justice, les espoirs d'une harmonie entre les peuples; et il compulsait son Victor Hugo, découpant dans l'œuvre tous les passages qui étaient comme une résurrection du temps présent et comme une sorte de message annonciateur de l'avenir : prévisions des mystères de la science nouvelle, transformations du monde par les progrès d'une civilisation perfectionnée, suprême garante de la fraternité des peuples consacrée par la fondation de la Société des nations.

M. Albert Fua savait bien que de nombreux livres avaient été publiés sur Victor Hugo : Victor Hugo philosophe, Victor Hugo homme politique, simples tableaux fragmentaires; il a voulu nous donner une grande fresque.

J'ai lu ce volume, dont tous les extraits m'étaient connus. Mais l'auteur a su les grouper, les relier, les mettre en valeur, montrer la jeunesse éternelle et vivante d'œuvres qu'on croirait nées d'hier et qui, par leur actualité saisissante, nous donnent l'impression que Victor Hugo a été le visionnaire des événements qui viennent de s'accomplir.

C'est un livre d'histoire tout frémissant de patriotisme, meublé d'idées généreuses et divinatoires, qu'on lira avec d'autant plus de curiosité qu'il est le reflet des événements tragiques dont nous avons été les témoins et les acteurs.

C'est un livre qui devra être le bréviaire de tous nos éducateurs dans les écoles, pour éclairer les jeunes générations, leur inspirer l'amour de la patrie et de l'humanité et leur enseigner le droit et la justice.

C'est bien en effet la grande guerre qui se dresse devant nous : la Serbie, la Belgique, premières victimes de celui qui n'a pas hésité à ensanglanter le monde, c'est le viol du droit, le mépris des traités, chiffons de papier ; et le poète qui flétrissait, dans l'Année terrible, les actes barbares des Allemands, lisait déjà plus profondément dans l'âme des envahisseurs, en décrivant par avance, par une sorte de prescience instinctive, les abominables crimes qu'ils devaient commettre quarante-quatre ans plus tard. Ce qui nous semblait alors un emportement de son patriotisme exalté en 1871, devait être en 1914 le jugement vengeur porté sur la guerre féroce qui nous a été imposée. Et toutes les colères que Victor Hugo répandait, aussi bien dans les Châtiments, *dans la* Légende des siècles *que dans* Actes et Paroles, *contre les artisans de la tyrannie s'appliquaient aujourd'hui merveilleusement à ce Kaiser qui ne recula devant aucun forfait pour assouvir ses instincts de destruction et ses appétits désordonnés de conquête.*

Victor Hugo voyait de haut et de loin lorsqu'il exaltait la victoire du droit opposée à la force, qu'il menait une campagne en faveur de l'entente anglo-française, qu'il faisait appel à l'Italie, qu'il considérait les États-Unis intervenant à nos côtés comme les futurs champions de la justice, qu'il entrevoyait les résultats prochains de la guerre future : le retour de l'Alsace-Lorraine à la France, la Pologne reconstituée, la garantie de notre victoire et la protection de nos droits sur la rive gauche du Rhin ; et lorsque, dans ses rêves, — rêves de poète, dira-t-on, — il fondait l'avenir de l'Europe sur des réalités qui nous apparaissaient jadis

2

comme des chimères : la fédération et l'arbitrage, la Société des nations, les Etats-Unis du monde.

Il a été un précurseur, et son Sermon sur la montagne, qui a rencontré tant d'incrédules, est bien aujourd'hui l'acte de foi de celui qui, ayant bravé tous les sarcasmes des sceptiques et des railleurs, laisse le testament de ses nobles espérances en partie déjà réalisées.

GUSTAVE SIMON.

PREMIÈRE PARTIE

LA VOIX DE VICTOR HUGO DANS LA GUERRE MONDIALE[1]

CHAPITRE PREMIER
LE CRIME. — LA VIOLATION DU DROIT

Le Droit.

« La force crée le droit. » (BISMARCK.)

Man hat Gewalt, so hat man Recht...
Krieg, Handel und Piraterie
Dreieinig sind sie, nicht zu trennen.

(Quand on a la force, on a le droit... Guerre, commerce, piraterie, c'est là une indivisible tri-nité.)   (GŒTHE, *Faust.*)

Le droit est au-dessus de Tous ; nul vent contraire
Ne le renverse ; et Tous ne peuvent rien distraire
Ni rien aliéner de l'avenir commun.
Le peuple souverain de lui-même, et chacun

1. NOTA BENE. — *Tous les extraits consignés dans cet ouvrage, prélevés dans l'œuvre entier de Victor Hugo, ont été empruntés à des compositions diverses et réunis en un groupe homogène adéquat au sujet traité. En outre, très souvent, dans le même morceau, ou dans le même groupe, on a relié artificiellement des parties très distantes les unes des autres ; et, afin de ne pas ralentir l'intérêt, on a omis, à dessein, d'indiquer la solution de continuité, les points de suspension ayant été réservés soit aux vers coupés, soit pour suppléer à une alternance prosodique supprimée.*

Son propre roi : c'est là le droit. Rien ne l'entame[1].

. . . .

L'ère d'apaisement suit l'ère de terreur.
Le droit n'a pas besoin de se mettre en fureur,
Et d'arriver les mains pleines de violences,
Et de jeter un glaive au plateau des balances.
Il paraît, on tressaille : il marche, on dit : c'est Dieu[2].

* *
*

Au fond de la conscience de tout citoyen, du plus
humble comme du plus grand, au fond de l'âme du der-
nier mendiant, du dernier vagabond, il y a un sentiment
sublime, sacré, indestructible, incorruptible, éternel,
le droit ! ce sentiment, qui est l'élément de la raison de
l'homme ; ce sentiment, qui est le granit de la cons-
cience humaine ; le droit, voilà le rocher sur lequel
viennent échouer et se briser les iniquités, les hypocri-
sies, les mauvais desseins, les mauvaises lois, les mau-
vais gouvernements ! Voilà l'obstacle caché, invisible,
obscurément perdu au plus profond des esprits, mais
incessamment présent et debout, auquel vous vous
heurterez toujours, et que vous n'userez jamais, quoi
que vous fassiez ! Je vous le dis, vous perdez vos peines.
Vous ne le déracinerez pas ! vous ne l'ébranlerez pas !
Vous arracheriez plutôt l'écueil du fond de la mer que
le droit du cœur du peuple[3] !

Le droit incarné, c'est le citoyen ; le droit couronné,
c'est le législateur. Les républiques anciennes se repré-
sentaient le droit assis dans la chaise curule, ayant en
main ce sceptre, la loi, et vêtu de cette pourpre, l'auto-
rité. Cette figure était vraie, et l'idéal n'est pas autre
aujourd'hui. Toute société régulière doit avoir à son
sommet le droit sacré et armé, sacré par la justice, armé
de la liberté.

1. *L'Année terrible.*
2. *Toute la Lyre.*
3. *Avant l'Exil.*

Dans ce qui vient d'être dit, le mot force n'a pas été prononcé. La force existe pourtant ; mais elle n'existe pas hors du droit ; elle existe dans le droit.

Qui dit droit dit force.

Qu'y a-t-il hors du droit ? La violence.

Il n'y a qu'une nécessité, la vérité ; c'est pourquoi il n'y a qu'une force, le droit. Le succès en dehors de la vérité et du droit est une apparence. La courte vue des tyrans s'y trompe ; un guet-apens réussi leur fait l'effet d'une victoire, mais cette victoire est pleine de cendre ; le criminel croit que son crime est son complice ; erreur ; son crime est son punisseur ; toujours l'assassin se coupe à son couteau ; toujours la trahison trahit le traître ; les délinquants, sans qu'ils s'en doutent, sont tenus au collet par leur forfait, spectre invisible ; jamais une mauvaise action ne vous lâche.

Aucune nation n'a le droit de poser son ongle sur l'autre. Un peuple ne possède pas plus un autre peuple qu'un homme ne possède un autre homme. Le crime est plus odieux encore sur une nation que sur un individu ; voilà tout. Agrandir le format de l'esclavage, c'est en accroître l'indignité. Un peuple tyran d'un autre peuple, une race soutirant la vie à une autre race, c'est la succion monstrueuse de la pieuvre.

Le droit senti fait la tête haute. La force et le glaive, c'est du néant. Le glaive n'est qu'une lueur hideuse dans les ténèbres, un rapide et tragique évanouissement ; le droit, lui, c'est l'éternel rayon ; le droit, c'est la permanence du vrai dans les âmes ; le droit, c'est Dieu vivant dans l'homme. De là vient que là où est le droit, là est la certitude du triomphe. Un seul homme qui a avec lui le droit s'appelle Légion ; une seule épée qui a avec elle le droit s'appelle la foudre. Qui dit le droit dit la victoire. Des obstacles ? il n'y en a pas. Non, il n'y en a pas. Il n'y a pas de veto contre la volonté de l'avenir[1].

1. *Pendant l'Exil.*

Traités et chiffons de papier.

« Bénie soit la main qui a falsifié la dépêche d'Ems.»
(Professeur Hans Delbruck.)
    « Tous les traités sont conclus avec une restriction
mentale. » (Treitschke.)

                      Jadis il en était
Des serments qu'on faisait dans la vieille Allemagne
Comme de nos habits de guerre et de campagne ;
Ils étaient en acier. — J'y songe avec orgueil. —
C'était chose solide et reluisante à l'œil,
Que l'on n'entamait point sans lutte et sans bataille,
A laquelle d'un homme on mesurait la taille,
Qu'un noble avait toujours présente à son chevet,
Et qui, même rouillée, était bonne et servait.
Le brave mort dormait dans sa tombe humble et pure,
Couché dans son serment comme dans son armure:
Et le temps, qui des morts ronge le vêtement,
Parfois brisait l'armure, et jamais le serment.
Mais aujourd'hui la foi, l'honneur et les paroles
Ont pris le train nouveau des modes espagnoles.
Clinquant! soie! — un serment avec ou sans témoins
Dure autant qu'un pourpoint — parfois plus, souvent moin
S'use vite, et n'est plus qu'un *haillon* incommode
Qu'on déchire et qu'on jette en disant : Vieille mode[1] !

*
 * *

Rois, la fraude est vilaine et donne un profit nul ;
Mentir ou se tuer c'est le même calcul ;
Le fourbe est transparent, tout regard le pénètre ;
La trahison devient la chair même du traître ;
Il se sent sur les os un mépris corrosif ;
Dès qu'on est malhonnête, on est rongé tout vif
Par son mauvais renom et par sa perfidie
Visible à tous les yeux et toujours agrandie ;

    1. *Les Burgraves.*

On est renard, la haine et l'effroi du troupeau ;
On a l'ombre et le mal pour robe et pour drapeau ;
Et Carthage a péri dans sa sombre tunique
De mensonge, de dol, de nuit, de foi punique.

La ciguë en vos champs croît mieux que le laurier.
Je verrais sans colère, ô rois, un serrurier
Bâtir, sans oublier de griller les fenêtres,
Entre vos probités et mon argent, mes maîtres,
Une porte solide aux verrous bien fermants ;
Quant à votre parole et quant à vos serments,
Plutôt que m'assoupir sur votre signature
Et sur vos juremenls par la sainte écriture,
Plutôt que me fier à vous, je me fierais
Aux jaguars, aux lions, aux tigres des forêts,
Et j'aimerais mieux, rois, me coucher dans leur antre
Et mettre pour dormir ma tête sur leur ventre[1].

Pour la Serbie.

La raison du plus fort est toujours la meilleure.
(LA FONTAINE.)
« Pour conserver à la monarchie (austro-hongroise)
sa position de grande puissance, il ne sera pas possi-
ble d'éviter à la longue un règlement de comptes avec
la Serbie : une guerre. » (Baron GIESL, ministre austro-
hongrois à Belgrade. — *Livre Rouge* n° 6.)

Il devient nécessaire d'appeler l'attention des gouver-
nements européens sur un fait tellement petit, à ce
qu'il paraît, que les gouvernements semblent ne point
l'apercevoir. Ce fait, le voici : on assassine un peuple.
Où ? En Europe. Ce fait a-t-il des témoins ? Un témoin,
le monde entier.
Nous allons étonner les gouvernements européens
en leur apprenant une chose, c'est que les crimes sont

1. *La Légende des siècles.* — Les Quatre Jours d'Elciis.

des crimes, c'est qu'il n'est pas plus permis à un gouvernement qu'à un individu d'être un assassin, c'est que l'Europe est solidaire, c'est que tout ce qui se fait en Europe est fait par l'Europe, c'est que, s'il existe un gouvernement bête fauve, il doit être traité en bête fauve.

Le moment est venu d'élever la voix. L'indignation universelle se soulève. Il y a des heures où la conscience humaine prend la parole et donne aux gouvernements l'ordre de l'écouter.

Quand finira le martyre de cette héroïque petite nation ?

Il est temps qu'il sorte de la civilisation une majestueuse défense d'aller plus loin.

Cette défense d'aller plus loin dans le crime, nous, les peuples, nous l'intimons aux gouvernements.

Mais on nous dit : Vous oubliez qu'il y a des « questions ». Assassiner un homme est un crime, assassiner un peuple est « une question ». Chaque gouvernement a sa question ; la Russie a Constantinople, l'Angleterre a l'Inde, la France a la Prusse, la Prusse a la France.

Nous répondons :

L'humanité aussi a sa question ; et cette question la voici, elle est plus grande que l'Inde, l'Angleterre et la Russie : c'est le petit enfant dans le ventre de sa mère.

Remplaçons les questions politiques par la question humaine.

Ce qui se passe en Serbie démontre la nécessité des Etats-Unis d'Europe. Qu'aux gouvernements désunis succèdent les peuples unis. Finissons-en avec les empires meurtriers[1].

1. *Depuis l'Exil,* 1876.

Belgique.

« Nous sommes dans la nécessité; et nécessité ne connaît point de loi. (Applaudissements répétés.) Nos troupes ont occupé le Luxembourg, et ont peut-être déjà foulé le territoire belge (mouvement et applaudissements.) C'est contre le droit des nations... L'illégalité (*Unrecht*), je parle ouvertement, l'illégalité, que nous commettons ainsi, nous chercherons à la réparer dès que notre but militaire aura été atteint... Quand on est aussi menacé que nous le sommes, et qu'on combat pour ce qu'on a de plus sacré, on ne doit penser qu'à une chose, c'est à s'en tirer coûte que coûte. » (Vifs mouvements de tous côtés de la Chambre; applaudissements nourris et prolongés.) (Discours du chancelier allemand au Reichstag, 4 août 1914.)

« Le droit à l'indépendance n'est pas un droit inné chez un peuple; il doit être acquis à grand'peine... Un peuple de haute culture, mais de culture peu favorable à la concentration et à l'action militaire de l'Etat, doit, en toute justice, obéir au barbare dont l'organisation politique et militaire est supérieure. » (Professeur Lasson, *La Guerre est le but idéal de la kultur,* p. 71.)

« Petite nation, ils se sont conduits comme un grand peuple. Ils sont accourus au-devant de nous. » (Victor Hugo. — *Pendant l'Exil.*)

S'il arrive à vos frontières, cet homme, déclarant la Belgique pachalik, vous apportant la honte à vous qui êtes l'honneur, vous apportant l'esclavage à vous qui êtes la liberté, vous apportant le vol à vous qui êtes la probité, oh! levez-vous, Belges, levez-vous tous! recevez-le comme vos aïeux les Nerviens ont reçu Caligula! courez aux fourches, aux pierres, aux faulx, aux socs de vos charrues; prenez vos couteaux, prenez vos fusils, prenez vos carabines; sautez sur la vieille épée d'Arteveld, sautez sur le vieux bâton ferré de Coppenole, remettez, s'il le faut, des boulets de marbre dans la grosse couleuvrine de Gand; vous en trouverez à Notre-Dame de Hal! criez aux armes! ce n'est pas Annibal qui est aux portes, c'est Schinderhannes! Sonnez le tocsin, battez le rappel; faites la guerre des plaines, faites la guerre des murailles, faites la guerre des buissons; luttez pied à pied, défendez-vous, frappez, mourez; souvenez-vous de vos pères qui ont voulu vous léguer la gloire, souvenez-vous de vos enfants auxquels vous devez léguer la liberté! Empruntez à Waterloo son cri funèbre : la Belgique meurt et ne se rend pas.

Mais, Belges, si, un jour, le front dans la lumière, agitant au vent joyeux des révolutions un drapeau d'une seule couleur sur lequel vous lirez : *Fraternité des Peuples, Etats-Unis d'Europe,* — grande, libre, fière, tendre, sereine, des épis et des lauriers dans les mains, la France, la vraie France vient à vous, oh! levez-vous encore cette fois, Belges, mais pour remplacer le bâton ferré par le rameau fleuri! levez-vous, mais pour aller au-devant de la France, et pour lui dire : Salut!

Levez-vous pour lui tendre la main, à notre mère, comme nous, ses fils, nous vous la tendons, et pour lui ouvrir les bras comme nous vous les ouvrons. Car cette France-là, ce ne sera pas la conquérante, ce sera l'initiatrice; ce ne sera pas la France qui subjugue, ce sera la France qui délivre [1].

1. *Pendant l'Exil.*

CHAPITRE II

TOUS LES COMPLICES

Le Kaiser.

« Je suis celui qui tient le globe
J'ai la guerre et la paix dans les plis de ma robe. »
(V. H. — La Légende des siècles. Welf,
castellan d'Osbor.)

LE ROI FOURBE

Certe, il tient moins de noblesse
Et de bonté, vois-tu bien,
Roi, dans ton collier d'altesse,
Que dans le collier d'un chien !

Ta foi royale est fragile,
Elle affirme, jure et fuit.
Roi, tu mets sur l'Evangile
Une main pleine de nuit.

Avec toi tout est précaire,
Surtout quand tu t'es signé
Devant quelque reliquaire
Où le saint tremble indigné[1].

A tes traités, verbiage,
Je préférerais souvent
Les promesses du nuage
Et la parole du vent.

1. *La Légende des siècles.* — Le Roi fourbe.

La parole qu'un roi fausse
Derrière les gens trahis
N'est plus que la sombre fosse
De la pudeur d'un pays.

Moi, je tiens pour périls graves,
Et je dois le déclarer,
Ce qu'en arrière des braves
Les traîtres peuvent jurer.

Roi, vous l'avouerez, j'espère,
Mieux vaut avoir au talon
Le venin d'une vipère
Que le serment d'un félon[1].

*
* *

Donc cet homme s'est dit : « Le maître des armées,
    L'empereur surhumain,
Devant qui, gorge au vent, pieds nus, les Renommées
    Volaient, clairons en main,

« Napoléon, quinze ans, régna dans les tempêtes,
    Du sud à l'aquilon.
Tous les rois l'adoraient, lui, marchant sur leurs têtes,
    Eux, baisant son talon :

« Il prit, embrassant tout dans sa vaste espérance,
    Madrid, Berlin, Moscou ;
Je ferai mieux, je vais enfoncer à la France
    Mes ongles dans le cou !

« La France libre et fière, et chantant la concorde,
    Marche à son but sacré ;
Moi, je vais lui jeter par derrière une corde
    Et je l'étranglerai[2].

1. *La Légende des siècles.* — Le Roi voleur.
2. *Les Châtiments.* — *Nox.* — On a substitué ici le Kaiser à Napoléon III.

O peuples, il y a des hommes de malédiction. Quand ils promettent la paix, ils tiennent la guerre; quand ils promettent le salut, ils tiennent le désastre, quand ils promettent la prospérité, ils tiennent la ruine; quand ils promettent la gloire, ils tiennent la honte; quand ils prennent la couronne de Charlemagne, ils mettent dessous le crâne d'Ezzelin; quand ils arborent un aigle, c'est une orfraie; quand ils apportent à un peuple un nom, c'est un faux nom; quand ils lui font un serment, c'est un faux serment; quand ils lui annoncent un Austerlitz, c'est un faux Austerlitz; quand ils lui donnent un baiser, c'est un baiser de Judas[1].

Les princes allemands.

Mais expliquons-nous donc, vous nommez ça des princes !
Un tas de scélérats et de coupe-jarrets !
La justice en leur nom prononce des arrêts !
On les appelle grands, nobles, sérénissimes ;
Ils sont comme des feux allumés sur des cimes ;
Augustes marauds! gueux de l'honneur trafiquant !
Drôles que frapperaient, à l'autel comme au camp,
Au nom du chaste glaive, au nom du temple vierge,
Ulysse de son sceptre et Jésus de sa verge !

Si vous vous êtes mis dans l'esprit qu'en ayant
Plus d'infamie, on est un roi plus flamboyant,
Si vous vous figurez vos races rajeunies
Par vos férocités et vos ignominies,
Rois, je vous le redis, vous vous trompez ! l'erreur,
C'est de croire qu'un nom peut grandir par l'horreur,
La fraude et les forfaits accumulés sans cesse.
Une augmentation de honte et de bassesse,
D'ombre et de déshonneur n'accroît pas les maisons ;
La fange n'a jamais redoré les blasons[2].

1. *Pendant l'Exil.*
2. *La Légende des siècles.* — Les Quatre Jours d'Elciis.

3

Unser Gott.

« Nous devons mettre notre ferme confiance en nos
grands alliés dans le ciel qui mènent notre juste
cause à la victoire... Dieu est du côté des armées des
croyants... C'est ainsi qu'il en était sous le grand élec-
teur, et sous le vieux Fritz... il en est de même sous
moi... Comme un grand Écossais (Knox) et comme
mon ami Luther le déclarait : qui est avec Dieu a tou-
jours la majorité. » (Discours de l'empereur publié
par la *Dantziger Zeitung,* d'après le *Temps* du
5 mars 1915.)

Nous devons avant tout notre victoire à notre vieux
Dieu (*unsern alten Gott*). (Allocution du Kaiser aux
troupes du quartier général à Dortmund.)

Dieu le Père est réservé chez nous à l'usage per-
sonnel de l'Empereur. (Professeur Ostwald, lauréat
du prix Nobel pour la chimie, — interview au *Dagen,*
journal de Stockhlom. — Citation, *Temps* 26 novem-
bre 1914.)

Et d'abord de quel Dieu veux-tu parler? Précise.
Quel est celui qui tient ta pensée indécise?

Dis, est-ce du Dieu peint en jaune, en rouge, en bleu,
Habitant d'un triangle où flambe un mot hébreu ;
Face dorée au fond d'une nuée épaisse ;
Portant couronne, étole, épée et sceptre, espèce
D'empereur, habillé d'un manteau de soleil,
Ayant au poing le globe et Satan sous l'orteil,
Assis dans une chaire, et dictant la sentence
D'Arius à Nicée et de Huss à Constance ;
Dieu gothique, irritable, intolérant, tueur,
Noir vitrail effrayant qu'empourpre la lueur
Du bûcher qui flamboie et pétille derrière?

Est-ce du Dieu qui veut la chanson pour prière,
Ou parlons-nous du Dieu militaire, sanglant,
Qui s'inquiète peu que vous mangiez du gland
Ou du pain, mais qui veut pour rites et pour cultes
Glaives, piques, corbeaux, scorpions, catapultes,

Grappin horrible où pend un vaisseau tout entier,
Tortue avec sa claie enduite de mortier,
Canons vénitiens, serpentines lombardes ;
Dieu qui dit à Coglione : Attelle les bombardes ;
Qui rit, pauvre blessé, du grabat où tu geins,
Que la bataille enivre avec tous ses engins,
Chaudrons à poix bouillante et fours à boulets rouges;
Qui chasse les manants éperdus de leurs bouges ;
Qui rêve *Te Deum ;* qui s'endort aux accents
De l'obusier Lancastre et du mortier Paixhans ;
Qui prête, quand la mine est faite sous la brèche,
Son tonnerre au besoin pour allumer la mèche,
Et, quand la terre s'ouvre avec un large éclair,
S'épanouit de voir les gens sauter en l'air[1] ?

« De même que le Tout-Puissant fit crucifier son fils, afin que s'accomplit l'œuvre de rédemption, de même l'Allemagne est destinée *à crucifier l'humanité* pour assurer son salut. L'humanité doit être sauvée par le sang et le feu et par l'épée.

« La mission divine de l'Allemagne, mes frères, est de *crucifier l'humanité.* Par suite, le devoir des soldats allemands est de frapper impitoyablement : ils doivent tuer, ils doivent brûler, ils doivent détruire. Des demi-mesures seraient impies. Ce doit être une guerre sans pitié. Les méchants, les amis et les alliés de Satan lui-même qui est venu dans le monde sous la forme d'une grande puissance (l'Angleterre), doivent être écrasés. L'Allemagne a pour tâche divine d'accomplir la destruction de ceux qui personnifient le mal. Quand l'ouvrage sera fini, le feu et l'épée n'auront pas travaillé en vain; ce sera la *rédemption* de l'humanité. Le règne de justice sera établi sur la terre, et l'empire allemand, son créateur, restera son protecteur. » (Sermon du pasteur allemand Fritz Philippi. — *L'Humanité,* 10 déc. 1915.)

Tu ne l'as pourtant pas mérité, ma patrie!
(Victor Hugo.)

LE CHŒUR.

Est-ce que quelque part la nature est maudite ?

1. *Dieu.*

Est-ce qu'un tel malheur, ciel noir, se prémédite?
D'un astre qu'on ignore est-ce donc le lever?
Et les hommes tremblants se sont mis à rêver.
Les écumes au sud, dans le nord les fumées!
Tout broyé, fleurs et fruits, moissons, peuples, armées,
Sous les chars de la nuit dont l'éclair est l'essieu!
Ruine et mort. Qui donc fait tout cela?

LE PRÊTRE.

C'est Dieu.

LE POÈTE.

Prêtre, que dis-tu là? Dieu serait le coupable!
Quoi! de tant de forfaits ce Dieu serait capable!
Quoi! Dieu viendrait marcher sur nous comme un géant!
Quoi! prêtres! ce chaos, ce hasard, ce néant
Promenant son niveau sur la foule innocente,
Ces désastres faisant ensemble leur descente,
Ce serait l'action de ce maître hagard?
Quoi! cet aveuglement, ce serait son regard!
Quoi! la Fatalité serait la Providence!
Quoi! dans cette noirceur c'est Dieu qui se condense!
C'est là votre façon d'adorer? Taisez-vous!
Cela fait frissonner, le blasphème à genoux!

LE PRÊTRE.

Courbez vos fronts. C'est juste et même salutaire;
Il faut bien que le ciel punisse enfin la terre.
Le châtiment descend des éternels sommets.

LE POÈTE.

Châtier! punir! Quoi? nos crimes? Soit. J'admets
Qu'il se fait ici-bas bien des actions viles;
Il est des fronts souillés; il est des cœurs serviles;
L'homme est souvent hideux! Soit. Eh bien, supposons
L'impossible, entassons l'Ossa des trahisons
Sur l'abject Pélion des lâchetés; qu'on rêve,

Comme à perte de vue un flot sur une grève,
Toute la faute et tout le crime, et le frisson
De la honte emplissant le livide horizon ;
Tout ce que vous voudrez d'attentats, de folies ;
Soit. Rêvez des horreurs sans mesure accomplies
Par n'importe quel roi, n'importe quel sénat !
Eh bien, je ne crois pas que cela me donnât
Le droit d'amonceler des gouffres de nuées,
D'appeler les autans poussant d'aigres huées
Au-dessus d'un logis paisible, et de noyer
L'humble nouveau-né, joie et rayon du foyer,
Qui dans son petit lit chante, rit, jase et cause
En tàchant de baiser le bout de son pied rose[1] !

Savants et intellectuels allemands.

Oui, j'avais cru pouvoir dire qu'une clarté
Sortait de ce grand siècle, et que cette étincelle
Rattachait l'âme humaine à l'âme universelle ;
Qu'ici-bas, où le sceptre est un triste hochet,
La solidarité des hommes ébauchait
La solidarité des mondes composée
De toute la bonté, de toute la pensée
Et de toute la vie éparse dans les cieux[2].

1. *La Légende des siècles.* — L'Elégie des fléaux.
2. A ce vœu de Victor Hugo, les Allemands ont répondu par deux formules égotistes et nationalistes :

Pangermanisme ;
L'Allemagne au-dessus de tout !

La citation suivante, extraite d'un historien allemand, synthétise la pensée de tous les écrivains pangermanistes :

« La raide subjectivité de l'être allemand n'admet aucun frein extérieur, même le plus saint, quand on l'irrite ou qu'on lui porte préjudice. La domination appartient à l'Allemagne parce qu'elle est une nation d'élite, une race noble, et qu'il lui convient, par conséquent, d'agir sur ses voisins, comme il est du droit et du devoir de tout homme doué de plus d'esprit ou de plus de force, d'agir sur les individus moins bien doués ou plus faibles qui l'entourent. » (Benjamin de Giesebrecht.)

A quoi te sert
Ce don libérateur et divin : la pensée?
(Victor Hugo. *L'Ane*.)

Comment l'homme peut-il par une extrémité
Etre Homère, et par l'autre être Héliogabale?
Et je ne parle pas ici du cannibale,
Du Cafre, du Huron sinistre et paresseux;
Je parle des penseurs, des artistes, de ceux
Qui savent ce que c'est qu'une bibliothèque...
. . . .
Vous êtes donc mauvais pour le plaisir de l'être!
C'est votre vanité qui partout vous pénètre,
Une difformité qui se masque et qui ment;
Votre âme aime la nuit comme son élément;
En public vous cherchez la louange et l'estime,
Mais vous n'hésitez pas dans votre for intime
A bâillonner et même à tuer le témoin,
Le scrupule caché qui tremble dans un coin.
Ces docteurs! quels marchands! leur morale sévère,
Cela va se fêler, prends garde, c'est du verre.
La rencontre d'un roi coudoyant leur destin
Fait à leur probité rendre un son argentin.
Ah! ces savants sans fond, ces hommes de logique,
Roidissant en plis secs leur simarre énergique,
Ces forts calculateurs, ces raisonneurs abstraits
De quelque idéal trouble adorant les attraits,
Chastes, prudes, glacés, rigides, implacables,
Ayant la majesté des cuistres impeccables.
. . . .
O mon vieux Kant, la phrase est une 'grande fourbe.
On croit qu'elle se dresse alors qu'elle se courbe,
Tant la coquine met de pompe à s'aplatir.
Certes, le menu peuple est un saignant martyr.
Si devant tous les morts qui, sur toute la terre,
Dans la plaine difforme et pâle de la guerre
Sont tombés, glaive au poing, depuis quatre mille ans,

Si devant ces monceaux de squelettes sanglants
Le sépulcre faisait défiler un cortège
Où le brigand serait à côté du stratège,
O Kant, les os blanchis dans ces champs de malheur
Trouveraient le héros ressemblant au voleur,
Et les fémurs brisés, les tibias, les crânes,
Ne distingueraient pas César de Schinderhannes;
Certes, les bons humains, quoique chargés de fers,
S'ils consultaient leurs cœurs ou seulement leurs nerfs,
Jetteraient les sabreurs bien vite au bas du trône,
Bellone recevrait une cartouche jaune,
Et l'on vivrait en paix dans les pauvres hameaux;
Mais les laquais lettrés, les rhéteurs, les grands mots,
Se mettent à genoux devant ces saturnales,
Suprême opprobre! avec ces maximes banales :
— Que la guerre est un fait divin; — qu'elle a ses lois;
— Qu'il faut juger à part les actions des rois; —
La phrase, cette altière et vile courtisane,
Dore le meurtre en grand, fourbit la pertuisane,
Protège les soudards contre le sens commun,
Persuade aux niais que tous sont faits pour un,
Prouve que la tuerie est glorieuse et bonne,
Déroute la logique et l'évidence, et donne
Un sauf-conduit au crime à travers la raison.
Toi l'homme, tu te mets vite au diapason[1].

*
* *

Et l'âne disparut, et Kant resta lugubre.
— Oui! dit-il, la science est encore insalubre ;
L'esprit marche, baissant la tête et parlant bas ;
Et cette surdité de la bête n'est pas
Si stupide en effet que d'abord elle semble.
Puisqu'aux mains du savoir le flambeau sacré tremble,
La protestation est juste,

1. *L'Ane.* — L'Homme vis-à-vis de lui-même.

Jusqu'au jour
Où la science aura pour but l'immense amour,
Où partout l'homme, aidant la nature asservie,
Fera de la lumière et fera de la vie,
L'homme marchant vers Dieu sans trouble et sans effroi,
La douce liberté cherchant la douce loi,
La fin des attentats, la fin des catastrophes; —
Oui, jusqu'à ce jour-là, tant que les philosophes,
Prêtres du beau, d'autant plus vils qu'ils sont plus grands,
Seront les courtisans possibles des tyrans;
Tant qu'ils conseilleront César qui délibère;
Tant qu'Uranie ira s'attabler chez Tibère;
Tant que la vérité, mère des droits humains,
O douleur! sortira difforme de leurs mains;
Tant qu'insultant le juste, abjects, creusant sa fosse,
Les scribes salueront la religion fausse,
Le faux pouvoir, Caïphe à qui Néron se joint;
Tant que l'intelligence, hélas, ne sera point
La grande propagande et la grande bravoure;
Tant qu'épris des faux biens que le méchant savoure,
Les froids penseurs prendront l'erreur pour minerai;

Tant qu'ils ne seront pas les Hercules du vrai,
Acceptant du progrès les gigantesques tâches;
Tant que les lumineux pourront être les lâches;
Contre les livres pleins de vérités dormant,
Contre l'enseignement, contre le firmament,
Et les esprits sans fin, et les astres sans nombre;
Les oreilles de l'âne auront raison dans l'ombre[1]!

1. *L'Ane.* — Tristesse du philosophe.

Socialistes allemands.

« LE KAISER REÇOIT... »

Zurich, 21 juillet. — On mande de Berlin : « Le Kaiser, à la fin de cette session parlementaire, a manifesté le désir de recevoir les principaux députés du Reichstag avant leur départ de Berlin.

La réunion eut lieu vendredi soir chez M. Helfferich, donc au ministère de l'intérieur.

Le Kaiser était entouré du nouveau chancelier, de tous les sous-secrétaires d'Etat et de ses aides de camp.

Avaient été conviés à cette entrevue : le président et le vice-président du Reichstag; 3 députés du parti conservateur; 2 députés de la fraction allemande; 3 députés du parti national libéral; 4 députés du centre, dont M. Erzberger; 3 progressistes; 1 Polonais et 5 socialistes majoritaires : MM. Scheidemann, Sudekum, Ebert, Molkenbühr et David.

Le Kaiser s'est entretenu avec chacun des députés présents. La réunion a duré deux heures.

On a beaucoup remarqué que c'était la première fois que des socialistes lui étaient présentés. — Ag. Radio. — 21 juillet 1917.

Quoi donc! avoir pour but cette lâcheté, plaire!
Se donner cet emploi noble, auguste, exemplaire,
La flatterie! avoir pour maîtres les passants!
Obéir au vent noir soufflant dans tous les sens :
Etre contre, être pour, suivant le baromètre!
Blâmer, puis approuver, défendre, puis permettre
Non selon le devoir, mais selon le succès!
Parce qu'il est des fous risquant tous les essais,
Qui violent nos droits au nom de nos principes,
Laisser faire! Laisser dénaturer les types
De l'honneur, du progrès, du droit, de l'équité!
Vouloir le talion! souffrir, ô liberté,
Qu'un trousseau de clés pende et sonne à ta ceinture!
Quand dans une ombre énorme et triste on aventure
Toutes les vérités en deuil, dire : C'est bon!
Nier l'astre, admirer la blancheur du charbon,

Déclarer vrai le faux, et l'injustice juste,
Louer Carrier[1] après avoir flétri Procuste!
Vêtir sa conscience au gré de la saison!
Se mettre à la fenêtre et guetter l'horizon,
Regarder se gonfler telle ou telle bannière
Pour savoir à quelle heure et de quelle manière
On pourrait être vil le plus utilement!
Quoi! ce principe hier sincère, aujourd'hui ment!
Quoi! toute vérité qui gêne n'est plus vraie!
Si c'est mon intérêt, le cygne est une orfraie,
Peuple, et de ce lion, le droit, je fais mon chien!
Il suffit, pour changer soudain le mal en bien,
Que ce soit un tyran qui règne, au lieu d'un autre,
C'est un roi, l'on combat; c'est la foule, on se vautre.
On est sincère au maître, et pour le peuple on ment.
Quoi! le penseur aura tonné superbement
Si c'est un empereur qui se sert du supplice;
Si c'est la multitude, il en sera complice!
Et cet homme indigné sera l'homme ébloui!
Oh! ciel! après avoir dit non, bégayer oui!
Et, devant l'échafaud, dès que la foule en use,
Mettre un lâche sourire au masque de Méduse!
Voilà donc où la soif de plaire conduirait?
Non! non! non! Déserter pour un sombre intérêt
Ces vérités que nous Français, nous établîmes,
Au peuple honnête et bon et plein d'instincts sublimes,
Mais préférant parfois les bas-fonds aux sommets,
Dire qu'il a raison quand il a tort, jamais[2]!

1. Ou Guillaume II.
2. *Toute la Lyre.* — La Corde d'airain.

CHAPITRE III

LA FRANCE EN DANGER

Appel aux armes. — Levée en masse. — Cri de guerre.

« *Il faut que le peuple allemand s'élève comme un peuple de maitres au-dessus des peuples inférieurs d'Europe.* » « *Que le roi soit à la tête de la Prusse; la Prusse à la tête de l'Allemagne; l'Allemagne à la tête de l'univers.* » (Prince de Bülow, chancelier de l'empire allemand, discours du 16 janvier 1904, à la chambre des Seigneurs.)

« Maintenant vers la France. — Maintenant vers la France. — Allez-y reprendre les biens qui nous furent volés, nos forteresses et notre frontière, — notre part de la couronne de victoire. — Rapportez-en l'honneur et la paix. » (ARNDT.)

AUX FRANÇAIS

Le moment où nous sommes est une grande heure pour les peuples.

Chacun va donner sa mesure.

La France a ce privilège, qu'a eu jadis Rome, qu'a eu jadis la Grèce, que son péril va marquer l'étiage de la civilisation.

Où en est le monde? Nous allons le voir.

S'il arrivait, ce qui est impossible, que la France succombât, la quantité de submersion qu'elle subirait indiquerait la baisse du niveau du genre humain.

Mais la France ne succombera pas.

Par une raison bien simple, c'est qu'elle fera son devoir.

La France doit à tous les peuples et à tous les hommes de sauver Paris, non pour Paris, mais pour le monde.

Ce devoir, la France l'accomplira.

Que toutes les communes se lèvent! que toutes les campagnes prennent feu! que toutes les forêts s'emplissent de voix tonnantes! Tocsin! tocsin! Que de chaque maison il sorte un soldat; que le faubourg devienne régiment; que la ville se fasse armée. Dressez-vous, Lille, Nantes, Tours, Bourges, Orléans, Dijon, Toulouse, Bayonne, ceignez vos reins. En marche! Lyon, prends ton fusil, Bordeaux, prends ta carabine, Rouen, tire ton épée, et toi, Marseille, chante ta chanson et viens, terrible. Cités, cités, cités, faites des forêts de piques, épaississez vos baïonnettes, attelez vos canons, et toi, village, prends ta fourche. On n'a pas de poudre, on n'a pas de munitions, on n'a pas d'artillerie! Erreur! on en a. D'ailleurs les paysans suisses n'avaient que des cognées, les paysans polonais n'avaient que des faulx, les paysans bretons n'avaient que des bâtons. Et tout s'évanouissait devant eux! Tout est secourable à qui fait bien. Nous sommes chez nous. La saison sera pour nous, la bise sera pour nous, la pluie sera pour nous. Guerre ou Honte! Qui veut peut. Un mauvais fusil est excellent quand le cœur est bon; un vieux tronçon de sabre est invincible quand le bras est vaillant. C'est aux paysans d'Espagne que s'est brisé Napoléon. Tout de suite, en hâte, sans perdre un jour, sans perdre une heure, que chacun, riche, pauvre, ouvrier, bourgeois, laboureur, prenne chez lui ou ramasse à terre tout ce qui ressemble à une arme ou à un projectile. Roulez des rochers, entassez des pavés, changez les socs en haches, changez les sillons en fosses, combattez avec tout ce qui vous tombe sous la main, prenez les pierres de notre terre sacrée, lapidez les envahisseurs avec les ossements de notre mère la France. O citoyens, dans les cailloux du chemin, ce que vous leur jetez à la face, c'est la patrie.

Que tout homme soit Camille Desmoulins, que toute femme soit Théroigne, que tout adolescent soit Barra! Faites comme Bonbonnel, le chasseur de panthères, qui, avec quinze hommes, a tué vingt Prussiens et fait trente prisonniers. Que les rues des villes dévorent l'ennemi, que la fenêtre s'ouvre furieuse, que le logis jette ses meubles, que le toit jette ses tuiles, que les vieilles mères indignées attestent leurs cheveux blancs. Que les tombeaux crient, que derrière toute muraille on sente le peuple et Dieu, qu'une flamme sorte partout de terre, que toute broussaille soit le buisson ardent! Harcelez ici, foudroyez là, interceptez les convois, coupez les prolonges, brisez les ponts, rompez les routes, effondrez le sol, et que la France sous la Prusse devienne abîme.

Ah! peuple! te voilà acculé dans l'antre. Déploie ta stature inattendue. Montre au monde le formidable prodige de ton réveil. Que le lion de 92 se dresse et se hérisse, et qu'on voie l'immense volée noire des vautours à deux têtes s'enfuir à la secousse de cette crinière!

Faisons la guerre de jour et de nuit, la guerre des montagnes, la guerre des plaines, la guerre des bois. Levez-vous! levez-vous! Pas de trêve, pas de repos, pas de sommeil. Le despotisme attaque la liberté, l'Allemagne attente à la France. Qu'à la sombre chaleur de notre sol cette colossale armée fonde comme la neige. Que pas un point du territoire ne se dérobe au devoir. Organisons l'effrayante bataille de la patrie. O francs-tireurs, allez, traversez les halliers, passez les torrents, profitez de l'ombre et du crépuscule, serpentez dans les ravins, glissez-vous, rampez, ajustez, tirez, exterminez l'invasion. Défendez la France avec héroïsme, avec désespoir, avec tendresse. Soyez terribles, ô patriotes! Arrêtez-vous seulement, quand vous passerez devant une chaumière, pour baiser au front un petit enfant endormi.

Car l'enfant c'est l'avenir [1].

* *

> *Tous les Italiens et tous les Français doués de génie appartiennent à la race germanique : Vinci devait s'appeler Wincke; Vecellio, Wetzel; Buonarotti, Bonhroth; Voltaire (Arouet) s'appelait de son vrai nom Arwid, et Diderot, Tietroh. Jeanne d'Arc était Lorraine, et par conséquent Allemande. Pascal est un Allemand, comme le prouve son opposition aux Jésuites. Saint Paul était Allemand, son épître sur la Rédemption aux Galates, donnant l'impression que l'on entend parler un Allemand exceptionnellement doué pour l'intelligence des plus profonds mystères. Jésus-Christ avec ses yeux bleus, ses cheveux blonds et sa carnation rose avait un physique allemand. L'analyse de son nom contribue à prouver son origine germaine. La première syllabe de son nom est, manifestement, une altération de la syllabe ger; la lettre R, fréquemment traitée comme voyelle, tombe ou se transforme en S. La seconde syllabe US n'est que la terminaison latine des mots masculins. Elle équivaut, par conséquent, au man anglais ou allemand. Donc Jésus = german. (Reimer. Ein pangermanisches Deutschland, 1905. — Driesmans : Das Keltentum in der europäischen Blutmischung. Leipzig, 2 vol., 1900. — Louis Woltmann, Politische Anthropologie, 1903.)*

AUX PARISIENS

Il paraît que les Prussiens ont décrété que la France serait Allemagne et que l'Allemagne serait Prusse; que moi qui parle, né Lorrain, je suis Allemand; qu'il faisait nuit en plein midi; que l'Eurotas, le Nil, le Tibre et la Seine étaient des affluents de la Sprée; que la ville qui depuis quatre siècles éclaire le globe n'avait plus de raison d'être; que Berlin suffisait; que Montaigne, Rabelais, d'Aubigné, Pascal, Corneille, Molière, Montesquieu, Diderot, Jean-Jacques, Mirabeau, Danton et la

1. *Depuis l'Exil.*

Révolution française n'ont jamais existé; que l'univers appartient aux vaincus de Napoléon le Grand et aux vainqueurs de Napoléon le Petit; que dorénavant la pensée, la conscience, la poésie, l'art, le progrès, l'intelligence, commenceraient à Potsdam et finiraient à Spandau; qu'il n'y aurait plus de civilisation, qu'il n'y aurait plus d'Europe, qu'il n'y aurait plus de Paris; qu'il n'était pas démontré que le soleil fût nécessaire; que d'ailleurs nous donnions le mauvais exemple; que nous sommes Gomorrhe et qu'ils sont, eux, Prussiens, le feu du ciel; qu'il est temps d'en finir, et que désormais le genre humain ne sera plus qu'une puissance de second ordre.

Ce décret, Parisiens, on l'exécute sur vous. En supprimant Paris, on mutile le monde. L'attaque s'adresse *urbi et orbi*. Paris éteint, et la Prusse ayant seule la fonction de briller, l'Europe sera dans les ténèbres.

Cet avenir est-il possible?

Ne nous donnons pas la peine de dire non.

Répondons simplement par un sourire.

Deux adversaires sont en présence en ce moment. D'un côté la force, de l'autre la volonté. D'un côté une armée, de l'autre un peuple. D'un côté la nuit, de l'autre la lumière.

C'est le vieux combat de l'archange et du dragon qui recommence.

Il aura aujourd'hui la fin qu'il a eue autrefois.

La Prusse sera précipitée.

Cette guerre, si épouvantable qu'elle soit, n'a encore été que petite. Elle va devenir grande.

J'en suis fâché pour vous, Prussiens, mais il va falloir changer votre façon de faire. Cela va être moins commode. Vous serez toujours deux ou trois contre un, je le sais; mais il faut aborder Paris de front. Plus de forêts, plus de broussailles, plus de ravins, plus de tactique tortueuse, plus de glissement dans l'obscurité.

La stratégie des chats ne sert pas à grand'chose de-

vant le lion. Plus de surprises. On va vous entendre
venir. Vous aurez beau marcher doucement, la mort
écoute. Elle a l'oreille fine, cette guetteuse terrible.
Vous espionnez, mais nous épions. Paris, le tonnerre
en main et le doigt sur la détente, veille et regarde l'ho-
rizon. Allons, attaquez. Sortez de l'ombre. Montrez-
vous. C'en est fini des succès faciles. Le corps à corps
commence. On va se colleter. Prenez-en votre parti.
La victoire maintenant exigera un peu d'imprudence.
Il faut renoncer à cette guerre d'invisibles, à cette guerre
à distance, à cette guerre à cache-cache, où vous nous
tuez sans que nous ayons l'honneur de vous connaître.

Nous allons voir enfin la vraie bataille. Les massa-
cres tombant sur un seul côté sont finis. L'imbécillité
ne nous commande plus. Vous allez avoir affaire au
grand soldat qui s'appelait la Gaule du temps que vous
étiez les Borusses, et qui s'appelle la France aujourd'hui
que vous êtes les Vandales; la France : *miles magnus,*
disait César; *soldat de Dieu,* disait Shakespeare.

Donc, guerre, et guerre franche, guerre loyale,
guerre farouche. Nous vous la demandons et nous
vous la promettons. Nous allons juger vos généraux.
La glorieuse France grandit volontiers ses ennemis.
Nous allons voir.

Vous hésitez, cela se comprend. Sauter à la gorge de
Paris est difficile. Notre collier est garni de pointes.

Vous avez deux ressources qui ne feront pas préci-
sément l'admiration de l'Europe :

Affamer Paris.

Bombarder Paris.

Faites. Nous attendons vos projectiles.

On vous prête, Prussiens, un autre objet. Ce serait
de cerner Paris sans l'attaquer, et de réserver toute
votre bravoure contre nos villes sans défense, contre nos
bourgades, contre nos hameaux. Vous enfonceriez
héroïquement ces portes ouvertes, et vous vous instal-
leriez là, rançonnant vos captifs, l'arquebuse au poing.

Cela s'est vu au moyen âge. Cela se voit encore dans les cavernes. La civilisation stupéfaite assisterait à un banditisme gigantesque. On verrait cette chose : un peuple détroussant un autre peuple. Nous n'aurions plus affaire à Arminius, mais à Jean l'Ecorcheur. Non ! nous ne croyons pas cela. La Prusse attaquera Paris, mais l'Allemagne ne pillera pas les villages. Le meurtre, soit. Le vol, non. Nous croyons à l'honneur des peuples.

Attaquez Paris, Prussiens. Bloquez, cernez, bombardez.

Essayez.

Pendant ce temps-là l'hiver viendra.

Et la France.

L'hiver, c'est-à-dire la neige, la pluie, la gelée, le verglas, le givre, la glace. La France, c'est-à-dire la flamme.

Paris se défendra, soyez tranquilles.

Paris se défendra victorieusement.

*
* *

Appel à l'union sacrée.

Quelle est la question aujourd'hui ? combattre. Quelle est la question de demain ? vaincre. Quelle la question de tous les jours ? mourir. Ne vous tournez pas d'un autre côté. Le souvenir que tu dois au devoir se compose de ton propre oubli. Union et unité. Les griefs, les ressentiments, les rancunes, les haines, jetons ça au vent. Que ces ténèbres s'en aillent dans la fumée des canons. Aimons-nous pour lutter ensemble. Nous avons tous les mêmes mérites. Il n'y a plus de personnalités, il n'y a plus d'ambitions, il n'y a plus rien dans les mémoires que ce mot, salut public. Nous ne sommes qu'un seul Français, qu'un seul Parisien, qu'un seul cœur ; il n'y a plus qu'un seul citoyen qui est vous, qui est moi, qui est nous tous. Où sera la brèche seront

nos poitrines. Résistance aujourd'hui, délivrance de-
main; tout est là. Nous ne sommes plus de chair, mais
de pierre. Je ne sais plus mon nom, je m'appelle
Patrie. Face à l'ennemi! Nous nous appelons tous
France, Paris, muraille!

Comme elle va être belle, notre cité! Que l'Europe
s'attende à un spectacle impossible, qu'elle s'attende à
voir grandir Paris; qu'elle s'attende à voir flamboyer la
ville extraordinaire. Paris va terrifier le monde. Dans
ce charmeur il y a un héros. Cette ville d'esprit a du
génie. Quand elle tourne le dos à Tabarin, elle est
digne d'Homère. On va voir comment Paris sait mou-
rir. Sous le soleil couchant, Notre-Dame à l'agonie est
d'une gaieté superbe. Le Panthéon se demande com-
ment il fera pour recevoir sous sa voûte tout ce peuple
qui va avoir droit à son dôme. La garde sédentaire est
vaillante; la garde mobile est intrépide; jeunes hom-
mes par le visage, vieux soldats par l'allure. Les enfants
chantent mêlés aux bataillons. Et dès à présent, chaque
fois que la Prusse attaque, pendant le rugissement de
la mitraille, que voit-on dans les rues? les femmes sou-
rire. O Paris, tu as couronné de fleurs la statue de
Strasbourg; l'histoire te couronnera d'étoiles[1]!

Paris.

Paris, « capitale de la corruption universelle ». (His-
torien MOMMSEN.)

*_**

« *Que nous importe la règle selon laquelle est abattu
notre ennemi?... La règle qui l'abat est la plus haute
de toutes.* » (KLEIST.)

« *L'art d'abattre, nous l'avons appris et nous som-
mes pleins de l'envie de le pratiquer encore.* » (Dis-
cours de Guillaume II au lendemain des dernières
élections au Reichstag.)

1. *Depuis l'Exil.* — Aux Parisiens.

« Mon âme se déchire, mais il faut tout mettre à feu et à sang, égorger hommes, femmes, enfants et vieillards, ne laisser debout ni un arbre, ni une maison. Avec ces procédés de terreur, les seuls capables de frapper un peuple aussi dégénéré que le peuple français, la guerre finira en deux mois, tandis que si j'ai des égards humanitaires, elle peut se prolonger pendant des années. Malgré toute ma répugnance, j'ai donc dû choisir le premier système. » (Lettre adressée par Guillaume II à l'empereur François-Joseph dans les premiers jours de la guerre.)

PARIS DIFFAMÉ A BERLIN

Pour la sinistre nuit l'aurore est un scandale ;
Et l'Athénien semble un affront au Vandale.
Paris, en même temps qu'on t'attaque, on voudrait
Donner au guet-apens le faux air d'un arrêt ;
Le cuistre aide le reître ; ils font cette gageure,
Déshonorer la ville héroïque ; et l'injure
Pleut, mêlée à l'obus, dans le bombardement ;
Ici le soudard tue et là le rhéteur ment ;
On te dénonce au nom des mœurs, au nom du culte ;
C'est afin de pouvoir t'égorger qu'on t'insulte,
La calomnie ayant pour but l'assassinat.
O ville, dont le peuple est grand comme un sénat,
Combats, tire l'épée, ô cité de lumière
Qui fondes l'atelier, qui défends la chaumière !
Va, laisse, ô fier chef-lieu des hommes tous égaux,
Hurler autour de toi l'affreux tas des bigots,
Noirs sauveurs de l'autel et du trône, hypocrites
Par qui dans tous les temps les clartés sont proscrites,
Qui gardent tous les dieux contre tous les esprits,
Et dont nous entendons dans l'histoire les cris,
A Rome, à Thèbe, à Delphe, à Memphis, à Mycènes,
Pareils aux aboiements lointains des chiens obscènes[1].

1. *L'Année terrible*, XIII.

*
* *

« Ils croyaient rencontrer Sodome. Ils trouvèrent Sparte. » (*Depuis l'Exil*. Discours à l'Assemblée de Bordeaux.)

Convaincus qu'ils entreraient dans Paris, les Allemands avaient résolu d'en brûler chaque jour un quartier jusqu'à complète soumission du gouvernement de la France à leurs conditions les plus draconiennes. Persuadés, d'autre part, que les Français lutteraient jusqu'à la mort et ne s'avoueraient jamais vaincus, ils se réjouissaient d'anéantir Paris et de n'en pas laisser pierre sur pierre. (Berliner Tageblatt, 10 septembre 1914.)

« Il ne faut laisser aux vaincus que les deux yeux pour pleurer. » (Général von BERNHARDI.)

« O Paris splendide, jaloux du prestige de notre Berlin! Les flammes bientôt lécheront tes monuments. Que ne suis-je un Néron pour t'incendier de mes mains? Patience, les obus de nos dicke Bertha vont te faire goûter l'ivresse du vandalisme pacificateur. » (Affiche placardée sur les murs des écoles de Fourmies, reproduite par M. Marcel Leleu, président de la section régionale de la Ligue des droits de l'homme, adjoint au maire, dans le *Petit Marseillais*, 23 janvier 1917.)

Et voilà donc les jours tragiques revenus!
On dirait, à voir tant de signes inconnus,
Que pour les nations commence une autre hégire.
Pâle Alighieri, toi, frère du Cynégire,
Dante, Eschyle, écoutez et regardez.

                   Ces rois
Sous leur large couronne ont des fronts trop étroits.
Vous les dédaigneriez. Ils n'ont pas la stature
De ceux que votre vers formidable torture,
Ni du chef argien, ni du baron pisan ;
Mais ils sont monstrueux pourtant, convenez-en.
Des premiers rois venus ils ont l'aspect vulgaire,
Mais ils viennent avec des légions de guerre.
Ils poussent sur Paris les sept peuples saxons.
Hideux, casqués, dorés, tatoués de blasons,

Il faut que chacun d'eux de meurtre se repaisse ;
Chacun de ces rois prend pour emblème une espèce
De bête fauve et fait luire à son morion
La chimère d'un rude et morne alérion,
Ou quelque impur dragon agitant sa crinière ;
Et le grand chef arbore à sa haute bannière,
Teinte des deux reflets du tombeau tour à tour,
Un aigle étrange, blanc la nuit et noir le jour.
Avec eux, à grand bruit et sous toutes les formes,
Krupps, bombardes, canons, mitrailleuses énormes,
Ils traînent sous ce mur qu'ils nomment ennemi
Le bronze, ce muet, cet esclave endormi,
Qui, tout à coup hurlant lorsqu'on le démusèle,
Est pris d'on ne sait quel épouvantable zèle
Et se met à détruire une ville, sans frein,
Sans trêve, avec la joie horrible de l'airain,
Comme s'il se vengeait, sur ces tours abattues,
D'être employé par l'homme à d'infâmes statues ;
Et comme s'il disait : Peuple, contemple en moi
Le monstre avec lequel tu fais ensuite un roi !
Tout tremble, et les sept chefs dans la haine s'unissent.
Ils sont là, menaçant Paris. Ils le punissent.
De quoi ? D'être la France et d'être l'univers,
De briller au-dessus des gouffres entr'ouverts,
D'être un bras de géant tenant une poignée
De rayons, dont l'Europe est à jamais baignée.
Ils punissent Paris d'être la liberté ;
Ils punissent Paris d'être cette cité
Où Danton gronde, où luit Molière, où rit Voltaire ;
Ils punissent Paris d'être âme de la terre,
D'être ce qui devient de plus en plus vivant,
Le grand flambeau profond que n'éteint aucun vent,
L'idée en feu perçant ce nuage, le nombre,
Le croissant du progrès clair au fond du ciel sombre ;
Ils punissent Paris de dénoncer l'erreur,
D'être l'avertisseur et d'être l'éclaireur,
De montrer sous leur gloire affreuse un cimetière,

D'abolir l'échafaud, le trône, la frontière,
La borne, le combat, l'obstacle, le fossé,
Et d'être l'avenir quand ils sont le passé.

Et ce n'est pas leur faute; ils sont les forces noires.
Ils suivent dans la nuit toutes les sombres gloires,
Caïn, Nemrod, Rhamsès, Cyrus, Gengis, Timour.
Ils combattent le droit, la lumière, l'amour.
Ils voudraient être grands et ne sont que difformes.
Terre, ils ne veulent pas qu'heureuse, tu t'endormes
Dans les bras de la paix sacrée, et dans l'hymen
De la clarté divine avec l'esprit humain.
Ils condamnent le frère à dévorer le frère,
Le peuple à massacrer le peuple, et leur misère
C'est d'être tout-puissants, et que tous leurs instincts,
Allumés pour l'enfer, soient pour le ciel éteints[1].

*
* *

Moscou de moins, qu'importe? ôtez Paris, quelle ombre!
La boussole est perdue et le navire sombre;
Le progrès stupéfait ne sait plus son chemin.
Si vous crevez cet œil énorme au genre humain,
Ce Cyclope est aveugle, et, hors des faits possibles,
Il marche en tâtonnant avec des cris terribles;
Du côté de la pente il va dans l'inconnu.
Sans Paris, l'avenir naîtra reptile et nu.
Paris donne un manteau de lumière aux idées.
Les erreurs, s'il les a seulement regardées,
Tremblent subitement et s'écroulent, ayant
En elles le rayon de cet œil foudroyant.
Comme au-dessous du temple on retrouve la crypte,
Et comme sous la Grèce on retrouve l'Egypte,
Et sous l'Egypte l'Inde, et sous l'Inde la nuit,
Sous Paris, par les temps et les races construit,
On retrouve, en creusant, toute la vieille histoire.

1. *L'Année terrible.* — Octobre.

L'homme a gagné Paris ainsi qu'une victoire.
Le lui prendre à présent, c'est lui rendre son bât,
C'est frustrer son labeur, c'est voler son combat.
A quoi bon avoir tant lutté si tout s'effondre!
Thèbe, Ellorah, Memphis, Carthage, aujourd'hui Londre,
Tous les peuples, qu'unit un véritable hymen,
De la raison humaine et du devoir humain
Ont créé l'alphabet, et Paris fait le livre.
Paris règne. Paris, en existant, délivre.
Par cela seul qu'il est, le monde est rassuré.
Il dresse l'idéal sur le démesuré;
A l'appui du progrès, à l'appui des idées,
Il donne des raisons hautes de cent coudées;
Pour cime et pour refuge il a la majesté
Des principes remplis d'une altière clarté;
Le fier sommet du vrai, voilà son acropole;
Il extrait Mirabeau du siècle de Walpole;
Ce Paris qui pour tous fit toujours ce qu'il put
Est parfois Sybaris et jamais Lilliput,
Car la méchanceté naît où la hauteur cesse;
Avec la petitesse on fait de la bassesse,
Et Paris n'est jamais petit; il est géant
Jusque dans la poussière et jusqu'en son néant.
Le fond de ses fureurs est bon; jamais la haine
Ne trouble sa colère auguste et ne la gêne;
Le cœur s'attendrit mieux lorsque l'esprit comprend,
Et l'on n'est le meilleur qu'en étant le plus grand[1].

*
**

« *En deux mois nous serons à Paris. Mais ce ne sera qu'un premier pas vers notre but réel : le bouleversement de l'Angleterre. Chaque chose se produira à l'heure dite; car nous serons prêts et nos ennemis ne le seront pas.* » (Déclaration de l'amiral allemand von Gœten à l'amiral américain Dewey. V. *naval and military Record* cité par l'*Echo de Paris,* 24 sept. 1915.)

1. *L'Année terrible.* — Mai.

*
* *

Die Geister glüh'n in einem Hass!

. . . .

Singt : Deutschland über alles!
Frisch auf! Mit Gott in kampf und Schlacht hinein!
« Auf! nach Paris! » soll uns're Losung sein!
     (Nach Nord und Süd.)
  (*Les cœurs brûlent d'une seule et même haine!...*
Chantons : L'Allemagne au-dessus de tout! Allons!
avec Dieu au combat, à la bataille! Marchons à Paris!
Voilà notre mot d'ordre.)
    (Soldatenlieder [Les Chants du soldat].)

Lieu d'éclosion! centre éclatant et sonore
Où tous les avenirs trouvent toute l'aurore!
O rendez-vous sacré de tous les lendemains!
Point d'intersection des vastes pas humains!
Paris, ville, esprit, voix! tu parles, tu rédiges,
Tu décrètes, tu veux! chez toi tous les prodiges
Viennent se rencontrer comme en leur carrefour.
Du paria de l'Inde au nègre du Darfour,
Tout sent un tremblement si ton pavé remue.
Paris, l'esprit humain dans ton nid fait sa mue;
Langue nouvelle, droits nouveaux, nouvelles lois,
Etre Français après avoir été Gaulois,
Il te doit tous ces grands changements de plumages.

Non, qui que vous soyez, non, quels que soient vos mages,
Vos docteurs, vos guerriers, vos chefs, quelle que soit
Votre splendeur qu'au fond de l'ombre on aperçoit,
O cités, fussiez-vous de phares constellées,
Quels que soient vos palais, vos tours, vos propylées,
Vos clartés, vos rumeurs, votre fourmillement,
Le genre humain gravite autour de cet aimant,
Paris, l'abolisseur des vieilles mœurs serviles,
Et vous ne pourrez pas le remplacer, ô villes...

Et dire que cette œuvre auguste, que mille ans
Et mille ans ont bâtie, industrieux et lents,
Que la cité héros, que la ville prophète,

Dire, ô cieux éternels! que la merveille faite
Par vingt siècles pensifs, patients et profonds,
Qui créèrent la flamme où nous nous réchauffons
Et mirent cette ville au centre de la sphère,
Une heure folle aurait suffi pour la défaire!

*
* *

Le genre humain peut-il être décapité?

Vous imaginez-vous cette haute cité
Qui fut des nations la parole, l'ouïe,
La vision, la vie et l'âme, évanouie!
Vous représentez-vous les peuples la cherchant?
On ne voit plus sa lampe, on n'entend plus son chant.
C'était notre théâtre et notre sanctuaire;
Elle était sur le globe ainsi qu'un sanctuaire
Sculptant l'homme futur à grands coups de maillet;
L'univers espérait quand elle travaillait;
Elle était l'éternelle, elle était l'immortelle,
Qu'est-il donc arrivé d'horrible? où donc est-elle?
Vous les figurez-vous s'arrêtant tout à coup!
Quel est ce pan de mur dans les ronces debout?
Le Panthéon; ce bronze épars, c'est la Colonne;
Ce marais où l'essaim des corbeaux tourbillonne,
C'est la Bastille; un coin farouche où tout se tait,
Où rien ne luit, c'est là que Notre-Dame était;
La limace et le ver souillent de leurs morsures
Les pierres, ossements augustes des masures;
Pas un toit n'est resté de toutes ces maisons
Qui du progrès humain reflétaient les saisons;
Pas une de ces tours, silhouettes superbes,
Plus de ponts, plus de quais; des étangs sous des herbes,
Un fleuve extravasé dans l'ombre, devenu
Informe et s'en allant dans un bois inconnu;
Le vague bruit de l'eau que le vent triste emporte,
Et voyez-vous l'effet que ferait cette morte[1]!

1. *L'Année terrible.* — Mai.

5

*
* *

Les hommes du passé se figurent qu'ils sont.
Ils s'imaginent vivre, et le travail qu'ils font,
Le glissement visqueux de leurs replis sans nombre,
Leur allée et venue à plat ventre dans l'ombre,
N'est qu'un fourmillement de vers de terre heureux.
Le couvercle muet du sépulcre est sur eux.
Mais, Paris, rien de toi n'est mort, ville sacrée.
Ton agonie enfante et ta défaite crée.
Rien ne t'est refusé; ce que tu veux sera.
Le jour où tu naquis, l'impossible expira.
Je l'affirme et l'affirme, et ma voix sans relâche
Le redit au parjure, au fourbe, au traître, au lâche,
Grande blessée, ô reine, ô déesse, tu vis.
Ceux qui de tes douleurs devraient être assouvis,
T'insultent; mais tu vis, Paris! dans ton artère,
D'où le sang de tout l'homme et de toute la terre
Coule sans s'arrêter, hélas! mais sans finir,
On sent battre le pouls profond de l'avenir.
On sent dans ton sein, mère en travail, ville émue,
Ce fœtus, l'univers inconnu, qui remue.
Qu'importe les rieurs sinistres! Tout est bien.
Sans doute c'est lugubre; on cherche, on ne voit rien,
Il fait nuit, l'horizon semble être une clôture.
On craint pour toi, cité de l'Europe future.
Ah! ta mort laisserait l'univers orphelin.
Un astre est dans ta plaie; et Carthage ou Berlin
Achèterait au prix de toutes ses rapines
Et de tous ses bonheurs ta couronne d'épines.
Jamais enclume autant que toi n'étincela.
Ville, tu fonderas l'Europe. Ah! d'ici là
Que de tourments! Paris, ce que ta gloire attire,
La dette qu'on te vient payer, c'est le martyre.
Accepte. Va, c'est grand. Sois le peuple héros.
Laisse après les tyrans arriver les bourreaux,
Après le mal subis le pire, et reste calme.

Ton épée en ta main devient lentement palme.
Fais ce qu'ont fait les Grecs, les Romains, les Hébreux.
Emplis de ta splendeur le moule ténébreux.
Les peuples t'auront vue, ô cité magnanime,
Après avoir été la lueur de l'abîme,
Après avoir lutté comme c'est le devoir,
Après avoir été cratère, après avoir
Fait bouillonner forum, cirque, creuset, Vésuve,
Toute la liberté du monde dans ta cuve,
Après avoir chassé la Prusse, affreux géant,
Te dressant tout à coup hors du gouffre béant,
En bronze, déité d'éternité vêtue,
Flamboyer lave, et puis te refroidir statue[1] !

★
★ ★

. . . .

Est-ce un écroulement ? non. C'est une genèse.

Que t'importe, ô Paris, ville de la fournaise,
Puits de flamme, un brouillard qui passe, et dans ton flanc
Sur ton gonflement sombre un vent de plus soufflant ?
Que t'importe un combat de plus dans l'âpre joute ?
Que t'importe un soufflet de forge qui s'ajoute
A tous les aquilons tourmentant ton brasier ?
O fier volcan, qui donc peut te rassasier
D'explosions, de bruits, d'orage, de tonnerre,
De secousses faisant trembler toute la terre,
De métaux à mêler, d'âmes à mettre au feu !
Est-ce que tu t'éteins sous l'haleine de Dieu ?
Non. Ton feu se rallume et ta houle profonde
Bouillonne, ô fusion formidable d'un monde.
Paris ! comme à la mer Dieu seul te dit : Assez.
Ta rude fonction, vous deux la connaissez.
Souvent l'homme, penché sur ton foyer sonore,
Prend pour reflet d'enfer une rougeur d'aurore,

1. *L'Année terrible.* — Juillet, IV.

Tu sais ce que tu dois construire ou transformer.
Qui t'irrite ne peut que te faire écumer.
Toute pierre jetée au gouffre où tu ruisselles
T'arrache un crachement énorme d'étincelles.
Les rois viennent frapper sur toi. Comme le fer
Battu des marteaux jette aux cyclopes l'éclair,
Tu réponds à leurs coups en les couvrant d'étoiles.

O destin! déchirure admirable des toiles
Que tisse l'araignée et des pièges que tend
La noirceur sépulcrale au matin éclatant!
Ah! le piège est abject, la toile est misérable,
Et rien n'arrêtera l'avenir vénérable.

Ville, ton sort est beau! ta passion te met,
Ville, au milieu du genre humain, sur un sommet.
Personne ne pourra t'approcher sans entendre
Sortir de ton supplice auguste une voix tendre,
Car tu souffres pour tous et tu saignes pour tous.
Les peuples devant toi feront cercle à genoux.
Le nimbe de l'Etna ne craignait pas Eole,
Et nul vent n'éteindra ta farouche auréole;
Car ta lumière illustre et terrible, brûlant
Tout ce qui n'est pas vie, honneur, travail, talent,
Devoir, droit, guérison, baume, parfum, dictame,
Est pour l'avenir pourpre et pour le passé flamme;
Car dans ta clarté, triste et pure, braise et fleur,
L'immense amour se mêle à l'immense douleur.
Grâce à toi, l'homme croît, le progrès naît viable.
O ville, que ton sort tragique est enviable[1]!

*
* *

FONCTION DE PARIS

La fonction de Paris, c'est la dispersion de l'idée.
Secouer sur le monde l'inépuisable poignée des

1. *L'Année terrible.* — Juillet, II et III.

vérités, c'est là son devoir, et il le remplit. Faire son devoir est un droit.

Paris est un semeur. Où sème-t-il? Dans les ténèbres. Que sème-t-il? Des étincelles. Tout ce qui, dans les intelligences éparses sur cette terre, prend feu çà et là, et pétille, est le fait de Paris. Le magnifique incendie du progrès, c'est Paris qui l'attise. Il y travaille sans relâche. Il y jette ce combustible, les superstitions, les fanatismes, les haines, les sottises, les préjugés. Toute cette nuit fait de la flamme, et, grâce à Paris, chauffeur du bûcher sublime, monte et se dilate en clarté.

Paris a sur la terre une influence de centre nerveux. S'il tressaille, on frissonne.

Il est responsable et insouciant. Et il complique sa grandeur par son défaut.

C'est à Paris qu'est l'enclume des renommées. Paris est le point de départ des succès. Qui n'a pas dansé, chanté, prêché, parlé devant Paris n'a pas dansé, chanté, prêché et parlé. Paris donne la palme et il la chicane.

Ce distributeur de popularité a parfois des avarices. Les talents, les esprits, les génies, sont de sa compétence, et il conteste volontiers, et le plus longtemps qu'il peut, les plus grands. Qui a été plus nié que Molière?

Ses livres, ses journaux, son théâtre, son industrie, son art, sa science, sa philosophie, ses routines qui font partie de sa science, ses modes qui font partie de sa philosophie, son bon et son mauvais, son bien et son mal, tout cela agite les nations et les mène. Vous empêcherez plus aisément l'invasion des sauterelles que l'invasion des modes, des mœurs, des élégances, des ironies, des enthousiasmes.

Cela entre partout, et opère irrésistiblement[1].

1. *Paris.* — Fonction de Paris, IV.

*
* *

De limite à Paris, point. Aucune ville n'a eu cette
domination qui bafoue parfois ceux qu'elle, subjugue.
Vous plaire! ô Athéniens! s'écriait Alexandre. Paris
fait plus que la loi, il fait la mode; Paris fait plus que
la mode, il fait la routine. Paris peut être bête si bon
lui semble; il se donne quelquefois ce luxe; alors l'uni-
vers est bête avec lui; puis Paris se réveille, se frotte
les yeux, dit : Suis-je stupide! et éclate de rire à la
face du genre humain. Quelle merveille qu'une telle
ville! Chose étrange que ce grandiose et ce burlesque
fassent bon voisinage, que toute cette majesté ne soit
pas dérangée par toute cette parodie, et que la même
bouche puisse souffler aujourd'hui dans le clairon du
jugement dernier et demain dans la flûte à l'oignon!
Paris a une jovialité souveraine. Sa gaieté est de la
foudre et sa farce tient un sceptre. Son ouragan sort
parfois d'une grimace. Ses explosions, ses journées,
ses chefs-d'œuvre, ses prodiges, ses épopées, vont au
bout de l'univers, et ses coq-à-l'âne aussi. Son rire est
une bouche de volcan qui éclabousse toute la terre.
Ses lazzis sont des flammèches. Il impose aux peuples
ses caricatures aussi bien que son idéal; les plus hauts
monuments de la civilisation humaine acceptent ses
ironies et prêtent leur éternité à ses polissonneries. Il est
superbe; il a un prodigieux 14 juillet qui délivre le
globe; il fait faire le serment du jeu de paume à toutes
les nations; sa nuit du 4 août dissout en trois heures
mille ans de féodalité; il fait de sa logique le muscle
de la volonté unanime; il se multiplie sous toutes les
formes du sublime.

Ses livres, son théâtre, son art, sa science, sa littéra-
ture, sa philosophie, sont les manuels du genre humain;
il a Pascal, Régnier, Corneille, Descartes, Jean-Jacques,
Voltaire pour toutes les minutes, Molière pour tous les
siècles; il fait parler sa langue à la bouche universelle,

et cette langue devient verbe; il construit dans tous les esprits l'idée de progrès; les dogmes libérateurs qu'il forge sont pour les générations des épées de chevet, et c'est avec l'âme de ses penseurs et de ses poêtes que sont faits depuis 1789 tous les héros de tous les peuples; cela ne l'empêche pas de gaminer. Paris montre toujours les dents; quand il ne gronde pas, il rit. Les fumées de ses toits sont les idées de l'univers. Tas de boue et de pierre si l'on veut, mais, par-dessus tout, être moral. Il est plus que grand, il est immense. Pourquoi? Parce qu'il ose.

Oser; le progrès est à ce prix.

Toutes les conquêtes sublimes sont plus ou moins des prix de hardiesse. Pour que la révolution soit, il ne suffit pas que Montesquieu la pressente, que Diderot la prêche, que Beaumarchais l'annonce, que Condorcet la calcule, qu'Arouet la prépare, que Rousseau la prémédite; il faut que Danton l'ose.

Le cri: *Audace!* est un *Fiat lux*. Il faut, pour la marche en avant du genre humain, qu'il y ait sur les sommets, en permanence, de fières leçons de courage. Les témérités éblouissent l'histoire et sont une des plus grandes clartés de l'homme. L'aurore ose quand elle se lève. Tenter, braver, persister, persévérer, s'être fidèle à soi-même, prendre corps à corps le destin, étonner la catastrophe par le peu de peur qu'elle nous fait, tantôt affronter la puissance injuste, tantôt insulter la victoire ivre, tenir bon, tenir tête; voilà l'exemple dont les peuples ont besoin, et la lumière qui les électrise. Le même éclair formidable va de la torche de Prométhée au brûle-gueule de Cambronne[1].

*
* *

Mal parler de Paris, l'injurier, le railler, le dédaigner, cela est sans inconvénient. Prendre avec les co-

1. *Les Misérables.* — Paris étudié dans son atome.

losses un air de mépris, rien n'est plus facile. C'est
même enfantin. Il y a là-dessus des rédactions toutes
faites. Défiez-vous des ritournelles, c'est comme en
pédagogie la comparaison des poètes vivants à Clau-
dien, à Lucain et Stace. Cela date de loin. Cecchi dé-
clare que Dante n'est qu'un Stace ; pour Scudéry, Cor-
neille n'est qu'un Claudien ; pour Greene, Shakespeare
n'est qu'un Lucain et un Gongora. Voilà Dante, Cor-
neille et Shakespeare bien malades. Ces procédés de
critique, qui ont pris place dans les cahiers d'expres-
sions des rhétoriciens, sont vieux ; mais qu'importe ?
ils servent encore aujourd'hui. De même Paris n'est
qu'une Gomorrhe.

Paris étant haï, c'est un devoir de l'aimer. Pourquoi
le hait-on ? Parce qu'il est foyer, vie, travail, incuba-
tion, transformation, creuset, renaissance. Attester
Paris, c'est affirmer, en dépit de toutes les apparences
évidentes acceptées du vulgaire, la continuation de la
vaste évolution humaine vers la libération universelle.

Paris est un flambeau allumé. Un flambeau allumé
a une volonté.

Paris après 89, la révolution politique, a fait 1830, la
révolution littéraire ; remise en équilibre des deux ré-
gions, la région de l'idée appliquée et la région de l'idée
pure ; installation dans l'intelligence de la démocratie
installée dans l'état ; suppression des routines ici comme
des abus là ; transformation du goût français en goût
européen ; remplacement d'un art ayant pour souverain
le public par un art ayant pour élève le peuple. Ecole
de civilisation, école de croissance, école de raison et
de justice. Que les peuples viennent se tremper l'âme
dans ce tourbillon de vie ! que les nations viennent
vénérer cet hôtel de ville d'où est sorti le suffrage uni-
versel, cet Institut, avant peu régénéré, d'où sortira
l'égalité, ce champ de Mars d'où sortira la fraternité.
Ailleurs, on forge des armées ; Paris est une forge
d'idées.

Bonne espérance à l'avenir ! Paris est la ville de la puissance par la concorde, de la conquête par le désintéressement, de la domination par l'ascension, de la victoire par l'adoucissement, de la justice par la pitié et de l'éblouissement par la science. De l'Observatoire la philosophie voit une plus grande quantité de Dieu que la religion n'en voit de Notre-Dame. Dans cette cité prédestinée, le contour vague, mais absolu, du progrès, est partout reconnaissable ; Paris, chef-lieu d'Europe, est déjà hors de l'ébauche, et, dans toutes les révolutions qui dégagent lentement sa forme définitive, on distingue la pression de l'idéal comme on voit sur le bloc de glaise à demi pétri le pouce de Michel-Ange.

Le merveilleux phénomène d'une capitale déjà existante représentant une fédération qui n'existe pas encore, et d'une ville ayant l'envergure latente d'un continent, Paris nous l'offre. De là l'intérêt pathétique qui se mêle au puissant spectacle de cette cité âme[1].

Même dans l'assombrissement de l'Europe, même dans l'occultation de la France, Paris ne s'éclipse pas.

Cela tient à ce que Paris est la frontière de l'avenir.

Frontière visible de l'inconnu. Toute la quantité de Demain qui peut être entrevue dans Aujourd'hui, c'est là Paris.

Qui cherche des yeux le Progrès, aperçoit Paris.

Il y a des villes noires ; Paris est la ville de lumière.

Paris, étant une idée autant qu'une ville, a l'ubiquité. Les Parisiens ont Paris, et le monde l'a. On voudrait en sortir qu'on ne pourrait ; Paris est respirable. Quiconque vit, même sans le connaître, l'a en soi. A plus forte raison ceux qui l'ont connu[2].

1. *Paris.* — Déclaration de Paix.
2. *Pendant l'Exil.* — La Vision de Paris.

France.

« D'une façon ou de l'autre il faut que nous réglions nos comptes avec la France pour avoir les mains libres dans notre politique mondiale. C'est la première condition indispensable d'une saine politique allemande ; et puisque l'hostilité française ne peut être éliminée une fois pour toutes à l'amiable, eh bien ! que cela se fasse par la force des armes. Il nous faut abattre la France de telle sorte qu'elle ne puisse jamais plus nous barrer le chemin. » (BERNHARDI, *Deustchland und der nachste Krieg,* p. 103 de l'édition française.)

« Dans toute vie française il y a environ 30 p. 100 de notre race, qui, après avoir conquis la masse gallo-romaine, a fusionné avec elle. Il nous demeure éternellement interdit de retirer notre sang de là par voie de séparation des sèves, mais ces 30 p. 100 signifient pour nous, en chiffre rond, vingt-cinq départements. » (Professeur H. von PFISTER STEIN, *Darmstadt,* 1877.)

Il serait inouï que cette altière France
Par qui s'est envolé l'archange Délivrance,
Après avoir sonné les sublimes beffrois,
Et mis les nations hors du cachot des rois,
Et déployé pour tous les peuples sa bannière,
Fût de la liberté des autres prisonnière,
Et livrée aux geôliers par ceux dont elle a fait
La force, en ces grands jours où le droit triomphait !
Cela ne sera pas ! Quelle que soit l'injure,
Quelque affreuse que semble être cette gageure
Du funeste Aujourd'hui contre le fier Demain,
Nous sommes les vivants profonds du droit humain ;
Ayons foi. Ces fléaux et ces rois d'un autre âge
Passeront. Quels que soient l'affront, le deuil, l'outrage,
L'énigme et la noirceur apparente du sort,
On cesse de haïr la nuit quand l'aube en sort !
Dieu ne laissera pas continuer le crime.
Croit-on que le soleil manquerait à la cime
Qui l'attend, lui, le grand visage souriant ?

Comprendrait-on l'étoile oubliant l'orient?
Le devoir de l'obstacle est de se laisser vaincre.
Demain nous appartient; rien ne pourra convaincre
Le jour qu'il ne doit pas se lever du côté
Du droit, de la justice et de la vérité.
Dieu supprime le mal, les fléaux, les désastres,
Par la fidélité formidable des astres.
France, songe au devoir. Sois grande, c'est ta loi.
Et fais de ta mémoire un redoutable emploi
En y gardant toujours les villes arrachées.
Enseignons à nos fils à creuser des tranchées,
A faire comme ont fait les vieux dont nous venons,
A charger des fusils, à rouler des canons,
A combattre, à mourir, et lisons-leur Homère.
Et tu nous souriras, quoique que tu sois leur mère,
Car tu sais que des fils qui meurent fièrement
Sont l'orgueil de leur mère et son contentement.
France, ayons l'ennemi présent à la pensée,
Comme les grands Troyens qui, sur la porte Scée,
S'asseyaient et suivaient des yeux les assiégeants.
Ces rois heureux autour de nous sont outrageants;
Aimons les peuples, mais n'oublions pas les princes.
En même temps restons penchés sur ces provinces
Qui sanglotent, en proie aux fléaux jamais las.
Soyons amers et doux. La question, hélas!
Est toute dans ce mot sans fond : les misérables;
Ceux-ci sont monstrueux; ceux-là sont vénérables;
Réprimons ceux d'en haut; secourons ceux d'en bas;
Prodiguons l'aide immense en songeant aux combats.
Peuple, il est deux trésors, l'un clarté, l'autre flamme,
Qu'il ne faut pas laisser décroître dans notre âme,
Et qui sont de nos cœurs chacun une moitié,
C'est la sainte colère et la sainte pitié[1].

1. *La Légende des siècles.* — L'Elégie des fléaux.

*
* *

« La France est une nation de zéros, une collection
de troupeaux. Les Français n'ont pas d'individualité;
ils forment une masse, quelque chose comme 30 mil-
lions de Cafres qui obéissent à des ordres venus d'en
haut. » (Mémoires de Bismarck.)

Oh! t'abaisser n'est pas facile,
France, sommet des nations!
Toi que l'idée a pour asile,
Mère des révolutions!
Aux choses dont tu fais le moule
Tout l'univers travaille en foule;
Ta chaleur dans ses veines coule;
Il t'obéit avec orgueil;
Il marche, il forge, il tente, il fonde;
Toi, tu penses, grave et féconde...
La France est la tête du monde,
Cyclope dont Paris est l'œil!

Te détruire? audace insensée!
Crime! folie! impiété!
Ce serait ôter la pensée
A la future humanité!
Ce serait aveugler les races!
Car, dans le chemin que tu traces,
Dans le cercle où tu les embrasses,
Tous les peuples doivent s'unir.
L'esprit des temps à ta voix change;
Tout ce qui naît sous toi se range! —
Qui donc ferait ce rêve étrange
De décapiter l'avenir?

Te bâillonner? — Rois! Dieu lui-même
Pourra vous le prouver bientôt,
Ce siècle est un profond problème
Dont la France seule a le mot.

Ce siècle est debout sur la rive,
D'une voix terrible ou plaintive,
Questionnant quiconque arrive,
Tribuns, penseurs, — ou rois, hélas!
Il propose à tous, dès l'aurore,
L'énigme inexpliquée encore,
Et, comme le sphinx, il dévore
Celui qui ne le comprend pas.

T'insulter? — mais, s'il se rencontre
Des rois pour courir ce danger,
Vois donc les choses que Dieu montre
A ceux qui voudraient t'outrager!
Vois, sous l'arche où sont nos histoires,
Wagram les mains de poudre noires,
Ulm, Essling, Eylau, cent victoires
Défiler au bruit du tambour!
Dieu, quand l'Europe te croit morte,
Prend l'empereur et te l'apporte,
Et fait repasser sous ta porte
Toute ta gloire en un seul jour!

T'insulter! t'insulter! ma mère!
Mais n'avons-nous pas tous, ô ciel!
Parmi nos livres, près d'Homère,
Quelque vieux sabre paternel?
Nos pères sont morts, France aimée!
Mais de leur foule ranimée
Peut-être on ferait une armée
Comme on en fait un Panthéon!
Prêts à surgir au bruit des bombes,
Prêts à se lever si tu tombes,
Peut-être sont-ils dans leurs tombes
Entiers comme Napoléon [1]!

1. *La Légende des siècles*.

*
* *

. . . .

Je le redis, la France est un besoin des hommes ;
Après sa chute comme avant qu'elle tombât,
L'immense cœur du monde en sa poitrine bat,
Nous vivons. Nous sentons plus que jamais notre âme.
Ah! ce que nous a fait le destin est infâme,
Et j'en suis indigné, moi qui songe la nuit!
Hélas! Strasbourg s'éclipse et Metz s'évanouit;
Faut-il donc renoncer au Rhin, notre frontière?

Non. Nous ne voulons pas. Et la volonté fière,
Avec l'accroissement de nos ongles suffit.
Ce que le sort fait mal, toujours Dieu le défit;
Espérons. Il serait en effet bien étrange
Que le peuple qui va vers l'aurore, et dérange
Le vieil ordre du mal rien qu'en se remuant,
Aigle, fût désormais captif du chat-huant...
. . . .[1]

Peuple, tu resteras géant malgré ces nains.
France, un jour sur le Rhin et sur les Apennins,
Ayant sous le sourcil l'éclair de Prométhée,
Tu te redresseras, grande ressuscitée!
Tu surgiras; ton front jettera les frayeurs,
L'épouvante et l'aurore à tes noirs fossoyeurs;
Tu crieras : Liberté! Paix! Clémence! Espérance!
Eschyle dans Athène et Dante dans Florence
S'accouderont au bord du tombeau, réveillés,
Et te regardant, fiers, joyeux, les yeux mouillés,
Croiront voir l'un la Grèce et l'autre l'Italie.
Tu diras : Me voici! j'apaise et je délie!
Tous les hommes sont l'Homme! un seul peuple! un seul l

1. *La Légende des siècles.*

Ah! par toute la terre, ô patrie, en tout lieu,
Des mains se dresseront vers toi; nulle couleuvre,
Nulle hydre, nul démon ne peut empêcher l'œuvre;
Nous n'avons pas encor fini d'être Français;
Le monde attend la suite et veut d'autres essais;
Nous entendrons encor des ruptures de chaînes,
Et nous verrons encor frissonner les grands chênes [1]!

*
* *

> « Plus le *væ victis* sera inexorable, plus assurée
> sera la paix qui suivra : dans l'antiquité, un peuple
> vaincu était anéanti; on ne peut plus aujourd'hui le
> faire physiquement, mais on peut imaginer des con-
> ditions qui équivaudraient à un anéantissement. »
> (*L'Allemagne au commencement du dix-neuvième siè-
> cle par un Allemand* [*Deutschland bei Beginn Jahr-
> hunderts*], Berlin, *Militaer Verlag,* 1900.)

Des Européens ont conçu ce projet : supprimer la
France.

Et au lieu de l'affirmation que veut ce siècle, c'est la
négation qui est venue. La guerre, qui était un fantôme,
est devenue une nécessité. Il y a une échéance entre la
France et l'Allemagne, c'est la revanche.

Affirmons la France. Relevons-la. Rallumons-la.
Rendons aux hommes cette lumière. La France est un
besoin de l'univers. Nous avons tous, nous, Français,
une tendance à être plutôt hommes que citoyens, plu-
tôt cosmopolites que nationaux, plutôt frères de l'es-
pèce entière que fils de la race locale; conservons cette
tendance, elle est bonne; mais rendons-nous compte
que la France n'est pas une patrie comme une autre,
qu'elle est le moteur du progrès, l'organisme de la civi-
lisation, le pilier de l'ensemble humain, et que, lors-
qu'elle fléchit, tout s'écroule. Constatons la guerre
revenue, la tuerie revenue, la mort revenue, la nuit
revenue; voyons l'horreur sur la face des peuples;

---

1. *L'Année terrible.* — Juillet.

secourons-les en restaurant la France ; resserrons entre
nous, Français, le lien national, et reconnaissons qu'il y
a des heures où la meilleure manière d'aimer la patrie,
c'est d'aimer la famille, et où la meilleure manière d'ai-
mer l'humanité, c'est d'aimer la patrie[1].

*   *
*

Nous pouvons le dire avec calme, et nous n'avons
pas besoin de hausser la voix pour une chose si simple
et si vraie, la France est aussi grande aujourd'hui
qu'elle l'a jamais été.

C'est elle qui rédige l'ordre du jour de la pensée uni-
verselle. Ce qu'elle propose est à l'instant même mis en
discussion par l'humanité tout entière ; ce qu'elle con-
clut fait loi. Son esprit s'introduit peu à peu dans les
gouvernements, et les assainit. C'est d'elle que vien-
nent toutes les palpitations généreuses des autres peu-
ples, tous les changements insensibles du mal au bien
qui s'accomplissent parmi les hommes en ce moment
et qui épargnent aux États des secousses violentes. Les
nations prudentes et qui ont souci de l'avenir tâchent
de faire pénétrer dans leur vieux sang l'utile fièvre des
idées françaises, non comme une maladie, mais comme
une vaccine qui inocule le progrès. Peut-être les limites
matérielles de la France sont-elles momentanément
restreintes, non, certes, sur la mappemonde éternelle
dont Dieu a marqué les compartiments avec des fleuves,
des océans et des montagnes, mais sur cette carte
éphémère, bariolée de rouge et de bleu, que la victoire
ou la diplomatie refont tous les vingt ans. Qu'importe !
Dans un temps donné, l'avenir remet toujours tout
dans le moule de Dieu. La forme de la France est
fatale. Et puis, si les coalitions, les réactions et les
congrès ont bâti une France, les poètes et les écrivains
en ont fait une autre. Outre ses frontières visibles, la

---

1. *Depuis l'Exil.* — Aux rédacteurs du *Rappel*.

grande nation a des frontières invisibles qui ne s'arrêtent que là où le genre humain cesse de parler sa langue, c'est-à-dire aux bornes mêmes du monde civilisé.

Je ne suis pas de ceux qui désespèrent. Qu'on me pardonne cette faiblesse, j'admire mon pays et j'aime mon temps. Quoi qu'on en puisse dire, je ne crois pas plus à l'affaiblissement graduel de la France qu'à l'amoindrissement progressif de la race humaine. Il me semble que cela ne peut être dans les desseins du Seigneur, qui successivement a fait Rome pour l'homme ancien et Paris pour l'homme nouveau. Le doigt éternel, visible, ce me semble, en toute chose, améliore perpétuellement l'univers par l'exemple des nations choisies, et les nations choisies par le travail des intelligences élues. Oui, n'en déplaise à l'esprit de diatribe et de dénigrement, cet aveugle qui regarde, je crois en l'humanité et j'ai foi en mon siècle; n'en déplaise à l'esprit de doute et d'examen, ce sourd qui écoute, je crois en Dieu et j'ai foi en sa providence.

Rien donc, non, rien n'a dégénéré chez nous. La France tient toujours le flambeau des nations[1].

*
* *

Les plus hautes intelligences qui, à l'heure qu'il est, représentent pour l'univers entier la politique, la littérature, la science et l'art, c'est la France qui les a et qui les donne à la civilisation.

La France aujourd'hui est puissante autrement, mais autant qu'autrefois.

Qu'on la satisfasse donc. Surtout qu'on réfléchisse à ceci :

L'Europe ne peut être tranquille tant que la France n'est pas contente.

Et après tout enfin, quel intérêt pourrait avoir l'Europe à ce que la France, inquiète, comprimée à l'étroit

---

1. *Discours de réception à l'Académie française.*

dans des frontières contre nature, obligée de chercher
une issue à la sève qui bouillonne en elle, devînt forcé-
ment, à défaut d'autre rôle, une Rome de la civilisation
future, affaiblie matériellement, mais moralement
agrandie; métropole de l'humanité, comme l'autre
Rome l'est de la chrétienté, regagnant en influence plus
qu'elle n'aurait perdu en territoire, retrouvant sous une
autre forme la suprématie qui lui appartient et qu'on ne
lui enlèvera pas, remplaçant sa vieille prépondérance
militaire par un formidable pouvoir spirituel qui ferait
palpiter le monde, vibrer les fibres de chaque homme
et trembler les planches de chaque trône; toujours
inviolable par son épée, mais reine désormais par son
clergé littéraire, par sa langue universelle comme le
latin l'était au douzième siècle, par ses journaux, par
ses livres, par son initiative centrale, par les sympathies
secrètes ou publiques, mais profondes, des nations,
ayant ses grands écrivains pour papes, et quel pape
qu'un Pascal! ses grands sophistes pour antechrist, et
quel antechrist qu'un Voltaire! tantôt éclairant, tantôt
éblouissant, tantôt embrasant le continent avec sa
presse, comme le faisait Rome avec sa chaire, comprise
parce qu'elle serait écoutée, obéie parce qu'elle serait
crue, indestructible parce qu'elle aurait une racine dans
le cœur de chacun, déposant les dynasties au nom de la
liberté, excommuniant des rois de la grande commu-
nion humaine, dictant des chartes-évangiles, promul-
guant des brefs populaires, lançant des idées et fulmi-
nant des révolutions!

Les anciennes républiques résultaient toujours d'un
cas donné, souvent unique, d'une coïncidence de phé-
nomènes, d'un arrangement fortuit d'éléments dispa-
rates, d'un accident; jamais d'un système. La France
croit en même temps qu'elle est; elle discute sa base et
la critique, et l'éprouve assise par assise; elle pose des
dogmes et en conclut l'état; elle a une foi, l'améliora-
tion; un culte, la liberté; un évangile, le vrai en tout.

Les républiques disparues vivaient petitement et sobrement dans leur chétif ménage politique; elles songeaient à elles, et rien qu'à elles; elles ne proclamaient rien, elles n'enseignaient rien, elles ne gênaient ni n'enlaidissaient aucun despotisme par le voisinage de leur liberté; elles n'avaient rien à elles qui pût aller aux autres nations. La France, elle, stipule pour le peuple et pour tous les peuples, pour l'homme et pour tous les hommes, pour la conscience et pour toutes les consciences. Elle a ce qui sauve les nations, l'unité; elle n'a pas ce qui les perd, l'égoïsme. Pour elle, conquérir des provinces, c'est bien; conquérir des esprits, c'est mieux. Les républiques du passé, crénelées dans leur coin, faisaient toutes quelque chose de limité et de spécial; leur forme, insistons sur ce point, était inapplicable à autrui; leur but ne sortait point d'elles-mêmes. Celle-ci construisait une seigneurie, celle-là une bourgeoisie, cette autre une commune, cette dernière une boutique. La France construit la société humaine.

Les anciennes républiques se sont éclipsées. Le monde s'en est à peine aperçu. Le jour où la France s'éteindrait, le crépuscule se ferait sur la terre.

Nous sommes loin de dire pourtant que les anciennes républiques furent inutiles au progrès de l'Europe, mais il est certain que la France est nécessaire.

Pour tout résumer en un mot, des anciennes républiques il ne sortait que des faits; de la France il sort des principes[1].

On peut dire de la France qu'elle est insubmersible. S'il y avait un déluge, elle serait l'arche. Oui, dans un temps donné, la France triomphera de l'ennemi du dedans comme de l'ennemi du dehors. Ce n'est pas une espérance que j'exprime ici, c'est une certitude. On ne dévalise pas la révolution française; on ne détrousse pas le progrès humain comme on détrousse une dili-

[1]. *Le Rhin.* — Conclusion.

gence. Nos ennemis peuvent se liguer. Soit. Leur ligue
est vaine. Au milieu de nos fluctuations et de nos ora-
ges, dans l'obscurité de la lutte profonde, quelqu'un
qu'on ne terrasse pas est dès à présent visible et debout,
c'est la loi, l'éternelle loi honnête et juste qui sort de la
conscience publique, et derrière la brume épaisse où
nous combattons il y a un victorieux, *l'avenir*.

Nos enfants auront cet éblouissement. Et nous aussi,
et avec plus d'assurance que les anciens croisés, nous
pouvons dire : Dieu le veut! Non, le passé ne prévau-
dra pas. Eût-il la force, nous avons la justice, et la *jus-
tice* est plus forte que la force. Nous sommes la philo-
sophie et la liberté. Non, toute la monarchie, fût-elle
triple, et eût-elle, comme l'hydre, trois têtes, n'aura
pas raison de la république. Le peuple, appuyé sur le
droit, c'est Hercule appuyé sur la massue[1].

Patrie.

O France, ton malheur m'indigne et m'est sacré.
Je l'ai dit, et jamais je ne me lasserai
De le redire, et c'est le grand cri de mon âme,
Quiconque fait du mal à ma mère est infâme.

En quelque lieu qu'il soit caché, tous mes souhaits
Le menacent ; sur terre ou là-haut, je le hais.
César, je le flétris ; destin, je le secoue.
Je questionne l'ombre et je fouille la boue ;
L'empereur, ce brigand, le hasard, ce bandit,
Eveillent ma colère ; et ma strophe maudit
Avec des pleurs sanglants, avec des cris funèbres,
Le sort, ce mauvais drôle errant dans les ténèbres ;
Je rappelle la nuit, le gouffre, le ciel noir,
Et les événements farouches, au devoir.
Je n'admets pas qu'il soit permis aux sombres causes

1. *Depuis l'Exil*, 1877. — Le seize mai.

Qui mêlent aux droits vrais l'aveuglement des choses
De faire rebrousser chemin à la raison ;
Je dénonce un revers qui vient par trahison ;
Quand la gloire et l'honneur tombent dans une embûche,
J'affirme que c'est Dieu lui-même qui trébuche ;
J'interpelle les faits tortueux et rampants,
La victoire, l'hiver, l'ombre et ses guet-apens ;
Je dis à ces passants quelconques de l'abîme
Que je les vois, qu'ils sont en train de faire un crime,
Que nous ne sommes point des femmes à genoux,
Que nous réfléchissons, qu'ils prennent garde à nous,
Que ce n'est pas ainsi qu'on doit traiter la France,
Et que, même tombée au fond de la souffrance,
Même dans le sépulcre, elle a l'étoile au front.
Je voudrais bien savoir ce qu'ils me répondront.
Je suis un curieux, et je gênerai, certe,
Le destin qu'un regard sévère déconcerte,
Car on est responsable au ciel plus qu'on ne croit.
Quand le progrès devient boiteux, quand Dieu décroît
En apparence, ayant sur lui la nuit barbare,
Quand l'homme est un esquif dont Satan prend la barre,
Il est certain que l'âme humaine est au cachot,
Et qu'on a dérangé quelque chose là-haut.
C'est pourquoi je demande à l'ombre la parole.

Je ne suis pas de ceux dont la fierté s'envole,
Et qui, pour avoir vu régner des ruffians
Et des gueux, cessent d'être à leur droit confiants ;
Je lave ma sandale et je poursuis ma route ;
Personne n'a jamais vu mon âme en déroute ;
Je ne me trouble point parce qu'en ses reflux
Le vil destin sur nous jette un Rosbach de plus ;
La défaite me fait songer à la victoire ;
J'ai l'obstination de l'altière mémoire ;
Notre linceul toujours eut la vie en ses plis ;
Quand je lis Waterloo, je prononce Austerlitz.

Le deuil donne un peu plus de hauteur à ma tête.

Mais ce n'est pas assez, je veux qu'on soit honnête
Là-haut, et je veux voir ce que les destins font
Chez eux, dans la forêt du mystère profond ;
Car ce qu'ils font chez eux, c'est chez nous qu'on le souffre.
Je prétends regarder face à face le gouffre.
Je sais que l'ombre doit rendre compte aux esprits.
Je désire savoir pourquoi l'on nous a pris
Nos villes, notre armée et notre force utile ;
Et pourquoi l'on filoute et pourquoi l'on mutile
L'immense peuple aimant d'où sortent les clartés ;
Je veux savoir le fond de nos calamités,
Voir le dedans du sort misérable, et connaître
Ces recoins où trop peu de lumière pénètre ;
Pourquoi l'assassinat du Midi par le Nord,
Pourquoi Paris vivant vaincu par Berlin mort,

Pourquoi le bagne à l'ange et le trône au squelette ;
O France, je prétends mettre sur la sellette
La guerre, les combats, nos affronts, nos malheurs,
Et je ferai vider leur poche à ces voleurs,
Car juger le hasard, c'est le droit du prophète.
J'affirme que la loi morale n'est pas faite
Pour qu'on souffle dessus là-bas, dans la hauteur,
Et qu'un événement peut être un malfaiteur.
J'avertis l'inconnu que je perds patience ;
Et c'est là la grandeur de notre conscience
Que, seule et triste, ayant pour appui le berceau,
L'innocence, le droit des faibles, le roseau,
Elle est terrible ; elle a, par ce seul mot : Justice,
Entrée au ciel ; et, si la comète au solstice
S'égare, elle pourrait lui montrer son chemin ;
Elle requiert Dieu même au nom du genre humain ;
Elle est la vérité, blanche, pâle, immortelle ;
Pas une force n'est la force devant elle ;
Les lois qu'on ne voit pas penchent de son côté ;
Oui, c'est là la puissance et c'est là la beauté
De notre conscience, écoutez ceci, prêtre, —

Qu'elle ne comprend pas qu'un attentat puisse être,
Par quelqu'un qui serait juste, prémédité.
Oui, sans armes, n'ayant que cette nudité,
Le vrai, quand un éclair tombe mal sur la terre,
Quand un des coups obscurs qui sortent du mystère
Frappe à tâtons, et met les peuples en danger,
S'il lui plaisait d'aller là-haut l'interroger
Au milieu de cette ombre énorme qu'on vénère,
Tranquille, elle ferait bégayer le tonnerre[1].

1. *L'Art d'être grand-père.* — Patrie.

CHAPITRE IV

LA GUERRE

« Elle (la comtesse de Bismarck) va beaucoup mieux : depuis que son fils va mieux, elle ne souffre plus que de sa haine contre les Gaulois qu'elle voudrait voir tous brûlés ou passer par les armes, tous, même les plus petits enfants. » (Busch, *Mémoires de Bismarck*, p. 30[1].)

LE CHANT DE LA HAINE, PAR HEINRICH VIERORDT

« Hais, Allemagne ! »

« ... O mon Allemagne, il faut graver dans ton âme une haine profonde et ineffaçable ; cette haine t'a manqué longtemps, très longtemps. Cela crie vengeance, revanche, fureur ; étouffe en toi tout sentiment humain et cours à la bataille.

O Allemagne, hais ! Egorge tes millions d'adversaires et édifie un monument de cadavres fumants qui monte jusqu'aux nuages.

O Allemagne, hais maintenant ! cuirasse-toi d'airain et perce de ta baïonnette le cœur de chaque ennemi ; pas de prisonniers ! rends-les tous muets ; transforme en déserts les pays voisins.

O Allemagne, hais ! Le salut viendra de ta colère ; enfonce leurs crânes à coups de crosse ou de hache ; ces brigands sont des bêtes fauves, ce ne sont pas des hommes ; que ton poing exécute le jugement de Dieu.

O Allemagne, le moment est venu de haïr ! Et frappe et pousse ferme ! bataillons, batteries, escadres, tous en avant ! Après, tu te dresseras sur les ruines du monde, guérie pour toujours de ton ancienne folie, de ton amour pour l'étranger. »

---

1. Le fils aîné de Bismarck avait été blessé à Mars-la-Tour ; le premier médecin qui le soigna était un médecin français.

« Faut-il que la civilisation élève des temples sur des montagnes de cadavres, sur des mers de larmes, sur des râles de mort? Oui, elle le doit... Si un peuple a droit de domination, son pouvoir de conquête constitue la plus haute loi morale, devant laquelle le vaincu doit s'incliner. Malheur aux vaincus! » (*Manuel du Lieutenant,* par un professeur à l'Académie technico-militaire de Charlottenburg.)

« J'aime à être assis sur les églises détruites. » (NIETZSCHE, *Le Livre parfait.*)

PROUESSES BORUSSES

La conquête avouant sa sœur l'escroquerie,
C'est un progrès. En vain la conscience crie,
Par l'exploitation on complète l'exploit.
A l'or du voisin riche un voisin pauvre a droit...
Parmi les cris, les morts tombés sous les mitrailles,
Montrant l'un sa cervelle et l'autre ses entrailles,
Les drapeaux avançant ou fuyant, les galops
Des escadrons pareils aux mers roulant leurs flots,
Au milieu de ce vaste et sinistre engrenage,
Conquérant pingre, on pense à son petit ménage;
On médite, ajoutant Shylock à Galgacus,
De meubler son amante aux dépens des vaincus;
On a pour idéal d'offrir une pendule
A quelque nymphe blonde au pied du mont Adule;
Bellone échevelée et farouche descend
Du nuage d'où sort l'éclair, d'où pleut le sang,
Et s'emploie à clouer des caisses d'emballage;
On rançonne un pays village par village;
On est terrible, mais fripon ; on est des loups,
Des tigres et des ours qui seraient des filous.
On renverse un empire et l'on coupe une bourse.
César, droit sur son char, dit : Payez-moi ma course.
On massacre un pays, le sang est encor frais,
Puis on arrive avec le total de ses frais ;
On tarife le meurtre, on cote la famine :
— Voilà bientôt six mois que je vous extermine ;
C'est tant. Je ne saurais vous égorger à moins. —

Et l'on étonne au fond des cieux ces fiers témoins,
Les aïeux, les héros, pâles dans les nuages,
Par des hauts faits auxquels s'attachent des péages ;
On s'inquiète peu de ces fantômes-là ;
Avec cinq milliards on rentre au Walhalla.
Pirate, d'une banque on a fait l'abordage.
On copie en rapine, en fraude, en brigandage,
Les Bédouins à l'œil louche et les Baskirs camards,
Et Schinderhannes met le faux nez du dieu Mars.
On a pour chefs des rois escarpes, et ces princes
Ont des ministres comme un larron a des pinces :
On foule sous ses pieds le scrupule aux abois ;
Sans honte, on dévalise un peuple au coin d'un bois.
On détrousse, on dépouille, on guinche, on rafle, on pille.
Peut-être est-il plus beau d'avoir pris la Bastille[1].

. . . .

LA GUERRE DÉLOYALE

« *On nous traite de barbares : nous nous en soucions fort peu... Tout au plus, devons-nous nous demander s'il ne serait pas plus digne de nous de justifier cette qualification.* » (Déclaration du général von Dithfurt au journal *Der Tag* de Berlin.)

« *On ne saurait introduire dans la philosophie de la guerre un principe de modération, sans commettre une absurdité... Il faut diriger nos entreprises surtout vers des objectifs qui seront de nature à augmenter les dommages infligés à l'ennemi... Le droit de réquisition n'a pas d'autres limites que l'épuisement, l'appauvrissement et la destruction du pays.* » (Général von CLAUZEWITZ.)

Donc, sire, si la guerre est en soi chose bonne,
Je n'en sais rien ; mais, bonne ou mauvaise, je dis
Qu'il faut la faire en gens sincères et hardis,
Et que l'honnêteté publique est en détresse,
Princes, de voir qu'on fait une guerre traîtresse,
Une guerre humble, habile aux besognes de nuit,

1. *L'Année terrible.* — Prouesses borusses.

Achetant des félons et des lâches sans bruit,
Faisant moins résonner l'estoc que la cymbale,
Ayant des espions, des colporteurs de balle...
. . . .
Les hommes de mon temps hantaient les hauts sommets;
Ils allaient droit au mur et donnaient l'escalade;
Ils méprisaient la nuit, le piège, l'embuscade;
Quand on leur demandait : Quel compagnon hardi
Emmenez-vous en guerre? ils disaient : Plein midi.
C'étaient, sous l'humble serge ou l'hermine royale,
Les bons et grands enfants de la guerre loyale.
Ils n'étaient pas de ceux qui s'endorment longtemps;
Hors du danger auguste ils étaient mécontents;
Ils ne quittaient l'épieu que pour prendre la hache,
Car l'immobilité ne sied point au panache,
Ni la rouille à l'éclair du glaive, et le repos
N'est pas fait pour les plis orageux des drapeaux.
De tout bien mal acquis il disaient : Qu'on le rende!
Ils ne trouvaient jamais de distance assez grande
Entre eux et le mensonge abject, ni de cloison
Assez épaisse entre eux, sire, et la trahison;
Ils parlaient haut, étant des fils des grandes races;
Leurs poitrines avaient le dédain des cuirasses;
C'est avec la gaieté du rire puéril
Qu'ils se précipitaient au plus noir du péril;
Il sortait de leur casque un souffle d'épopée
Quand on disait : — L'épée est d'acier, — leur épée,
Fière et toujours au vent, répondait : — L'homme aussi.
Au chaume misérable ils accordaient merci.
. . . .

Princes, mon cœur se serre en vous voyant, car j'aime
Le soleil sans brouillard, l'homme sans stratagème.
Vous avez l'appétit large, le front étroit,
Le mépris de tout frein, la haine de tout droit,
Et pour sceptre un couteau de boucher. Quelle histoire!
Quels jours! Les gros butins se citent comme gloire.

Vous régnez en tuant sans jamais dire : Assez !
O pillards, si souvent de meurtre éclaboussés
Que la rouille vous vient plus haut que la jambière !
Toujours ivres ; buveurs de vin, buveurs de bière,
Buveurs de sang. . . . .

Vos plus fameux exploits et vos plus triomphants
Sont des dépouillements de femmes et d'enfants,
Des introductions dans les pays par fraude,
Les brusques coups de dent de la fouine qui rôde,
D'attaquer ceux qu'on a d'abord bien endormis,
D'arriver ennemis sous des masques d'amis ;
Faits honteux pour l'épée et pour la seigneurie,
Vils, et dont je vous veux laisser la rêverie.
Quant à moi, si j'étais l'un des rois que voilà,
Je ne porterais point légèrement cela ;
Je frémirais, à l'heure où l'ombre étend ses voiles,
D'être ainsi misérable et noir sous les étoiles[1].

Jadis la guerre, ayant pour loi l'honneur grondeur
Et la foi sainte, était terrible avec pudeur ;
Les paladins étaient à leurs vieux noms fidèles ;
Les aigles avaient moins de griffes et plus d'ailes.
On n'est plus à présent les hommes d'autrefois ;
On ne voit plus les preux se ruer aux exploits
Comme des tourbillons d'âmes impétueuses ;
On a pour s'attaquer des façons tortueuses
Et sûres, dont le Cid, certes, n'eût pas voulu,
Et que dédaignerait le lion chevelu ;
Jadis les courts assauts, maintenant les longs sièges ;
Et tout s'achève, après les ruses et les pièges,
Par le sac des cités en flammes sous les cieux,
Et, comme on est moins brave, on est plus furieux[2].

1. *La Légende des siècles.* — Les Quatre Jours d'Elciis.
2. *La Légende des siècles.* — La Paternité.

★
★ ★

SUR L'INCENDIE D'UNE BIBLIOTHÈQUE

> « *Notre armée est, pour ainsi dire, une image ré-*
> *duite de l'intelligence et de la moralité du peuple alle-*
> *mand.* » (ADOLF LASSON.)
>
> « *La perte de la bibliothèque de Louvain (incendiée*
> *par les Allemands) n'a pas si grande importance.* »
> (Zentralblatt für Bibliothekevezen, *principal organe*
> *de la bibliographie allemande.*)

Tu viens d'incendier la Bibliothèque ?

— Oui.

J'ai mis le feu là.

— Mais c'est un crime inouï !

Crime commis par toi contre toi-même, infâme !
Mais tu viens de tuer le rayon de ton âme !
C'est ton propre flambeau que tu viens de souffler !
Ce que ta rage impie et folle ose brûler,
C'est ton bien, ton trésor, ta dot, ton héritage !
Le livre, hostile au maître, est à ton avantage.
Le livre a toujours pris fait et cause pour toi.
Une bibliothèque est un acte de foi
Des générations ténébreuses encore
Qui rendent dans la nuit témoignage à l'aurore.

Quoi ! dans ce vénérable amas des vérités,
Dans ces chefs-d'œuvre pleins de foudre et de clartés,
Dans ce tombeau des temps devenu répertoire,
Dans les siècles, dans l'homme antique, dans l'histoire,
Dans le passé, leçon qu'épelle l'avenir,
Dans ce qui commença pour ne jamais finir,
Dans les poètes ! quoi, dans ce gouffre des bibles,
Dans le divin monceau des Eschyles terribles,
Des Homères, des Jobs, debout sur l'horizon,
Dans Molière, Voltaire et Kant, dans la raison,
Tu jettes, misérable, une torche enflammée !
De tout l'esprit humain tu fais de la fumée !

As-tu donc oublié que ton libérateur,
C'est le livre? Le livre est là sur la hauteur ;
Il luit; parce qu'il brille et qu'il les illumine,
Il détruit l'échafaud, la guerre, la famine ;
Il parle, plus d'esclave et plus de paria.
Ouvre un livre, Platon, Milton, Beccaria ;
Lis ces prophètes, Dante, ou Shakspeare, ou Corneille ;
L'âme immense qu'ils ont en eux, en toi s'éveille ;
Ebloui, tu te sens le même homme qu'eux tous ;
Tu deviens en lisant grave, pensif et doux ;
Tu sens dans ton esprit tous ces grands hommes croître ;
Ils t'enseignent ainsi que l'aube éclaire un cloître ;
A mesure qu'il plonge en ton cœur plus avant,
Leur chaud rayon t'apaise et te fait plus vivant ;
Ton âme interrogée est prête à leur répondre ;
Tu te reconnais bon, puis meilleur; tu sens fondre,
Comme la neige au feu, ton orgueil, tes fureurs,
Le mal, les préjugés, les rois, les empereurs !
Car la science en l'homme arrive la première.
Puis vient la liberté. Toute cette lumière,
C'est à toi, comprends donc, et c'est toi qui l'éteins !
Les buts rêvés par toi sont par le livre atteints !
Le livre en ta pensée entre, il défait en elle
Les liens que l'erreur à la vérité mêle,
Car toute conscience est un nœud gordien.
Il est ton médecin, ton guide, ton gardien.
Ta haine, il la guérit ; ta démence, il te l'ôte.
Voilà ce que tu perds, hélas, et par ta faute !
Le livre est ta richesse à toi ! c'est le savoir,
Le droit, la vérité, la vertu, le devoir,
Le progrès, la raison dissipant tout délire.
Et tu détruis cela, toi !

        — Je ne sais pas lire[1].

1. *L'Année terrible*, Juin. Cette invective, V. Hugo l'avait lancée à des malheureux égarés, à des illettrés ; mais combien plus l'ont méritée les Allemands qui ont brûlé la bibliothèque de Louvain, par ordre, l'ordre des généraux de la « savantissime » Allemagne !

« ES IST DER KRIEG DER TODS »
(C'est la guerre de la mort.)

« *On m'a donné l'ordre de vider les coffres, je les
vide.* » (Réponse d'un officier allemand. Voir le *Hui-
tième Rapport sur les atrocités allemandes.*)

                                Nous nous disions :
— Les guerres sont le seuil des révolutions. —
Nous pensions : — C'est la guerre. Oui, mais la guerre grande
L'enfer veut un laurier ; la mort veut une offrande ;
Ces deux rois ont juré d'éteindre le soleil ;
Le sang du globe va couler vaste et vermeil,
Et les hommes seront fauchés comme des herbes ;
Et les vainqueurs seront infâmes, mais superbes. —
Et nous qui voulons l'homme en paix, nous qui donnons
La terre à la charrue et non pas aux canons,
Tristes, mais fiers pourtant, nous disions : France et Prusse
Qu'importe ce Batave attaquant ce Borusse !
Laissons faire les rois ; ensuite Dieu viendra.
Et nous rêvions le choc de Vichnou contre Indra,
Un avatar couvé par une apocalypse,
Le flamboiement trouant de toutes parts l'éclipse.
Nous rêvions les combats énormes de la nuit ;
Nous rêvions ces chaos de colère et de bruit
Où l'ouragan s'attaque à l'Océan, où l'ange,
Etreint par le géant, lutte, et fait un mélange
Du sang céleste avec le sang noir du titan ;
Nous rêvions Apollon contre Léviathan.
Nous nous imaginions l'ombre en pleine démence ;
Nous heurtions, dans l'horreur d'une querelle immense,
Rosbach contre Iéna, Rome contre Alaric,
Le grand Napoléon et le grand Frédéric ;
Nous croyions voir vers nous, en hâte, à tire-d'ailes,
Les victoires voler comme des hirondelles,
Et, comme l'oiseau court à son nid, aller droit
A la France, au progrès, à la justice, au droit ;
Nous croyions assister au choc fatal des trônes,

A la sinistre mort des vieilles Babylones,
Au continent broyé, tué, ressuscité
Dans une éclosion d'aube et de liberté,
Et voir peut-être, après de monstrueux désastres,
Naître un monde à travers des écroulements d'astres!

Ainsi nous songions. Soit, disions-nous, ce sera,
Comme Arbelle, Actium, Trasimène et Zara,
Affreux, mais grandiose. Un gouffre avec sa pente,
Et l'univers tout près du bord comme à Lépante,
Comme à Tolbiac, comme à Tyr, comme à Poitiers.
La Colère, la Force et la Nuit, noirs portiers,
Vont ouvrir devant nous la tombe toute grande.
Il faudra que le Sud ou le Nord y descende ;
Il faudra qu'une race ou l'autre tombe au fond
De l'abîme où les rois et les dieux se défont.
Et pensifs, croyant voir venir vers nous la gloire,
Les chocs comme en ont vu les hommes de la Loire,
Wagram tonnant, Leipsick magnifique et hideux,
Cyrus, Sennachérib, César, Frédéric Deux,
Nemrod, nous frémissions de ces sombres approches...
Tout à coup nous sentons une main dans nos poches[1].

. . . .

> *Schlagt ihn tot! das Weltgericht*
> *Fragt erich nach den Gründer nicht!*
>
> (*Tuez-le! l'Histoire ne vous demandera pas vos*
> *raisons.*) (Kleist, *Germania à ses enfants.*)

Ah! c'est un rêve! non! nous n'y consentons point.
Dresse-toi, la colère au cœur, l'épée au poing,
France! prends ton bâton, prends ta fourche, ramasse
Les pierres du chemin, debout, levée en masse !
France! qu'est-ce que c'est que cette guerre-là ?
Nous refusons Mandrin, Dieu nous doit Attila.
Toujours, quand il lui plaît d'abattre un grand empire,

---

1. *L'Année terrible.* — Septembre.

Un noble peuple, en qui le genre humain respire,
Rome ou Thèbes, le sort respectueux se sert
De quelque monstre auguste et fauve du désert.
Pourquoi donc cet affront ? c'est trop. Tu t'y résignes,
Toi, France ? non, jamais. Certes, nous étions dignes
D'être dévorés, peuple, et nous sommes mangés !
C'est trop de s'être dit : — Nous serons égorgés
Comme Athène et Memphis, comme Troie et Solime,
Grandement, dans l'éclair d'une lutte sublime ! —
Et de se sentir mordre, en bas, obscurément,
Dans l'ombre, et d'être en proie à ce fourmillement,
Les pillages, les vols, les pestes, les famines !
D'espérer les lions, et d'avoir les vermines [1] !

- . . . .

*
* *

Vision sombre ! un peuple en assassine un autre.
Et la même origine, ô Saxons, est la nôtre !
Et nous sommes sortis du même flanc profond !
La Germanie avec la Gaule se confond
Dans cette antique Europe où s'ébauche l'histoire.
Croître ensemble, ce fut longtemps notre victoire ;
Les deux peuples s'aidaient, couple heureux, triomphant,
Tendre, et Caïn petit aimait Abel enfant.
Nous étions le grand peuple égal au peuple scythe ;
Et c'est de vous, Germains, et de nous, que Tacite
Disait : — Leur âme est fière. Un dieu fort les soutient.
Chez eux la femme pleure et l'homme se souvient. —
Si Rome osait risquer ses aigles dans nos landes,
Les Celtes entendaient l'appel guerrier des Vendes,
On battait le préteur, on chassait le consul,
Et Teutatès venait au secours d'Irmensul ;
On se donnait l'appui glorieux et fidèle
Tantôt d'un coup d'épée et tantôt d'un coup d'aile ;
Le même autel de pierre étrange et plein de voix,

1. *L'Année terrible.* — Décembre.

Faisait agenouiller sur l'herbe, au fond des bois,
Les Teutons de Cologne et les Bretons de Nante ;
Et quand la Walkyrie, ailée et frissonnante,
Traversait l'ombre, Hermann chez vous, chez nous Brennus,
Voyaient la même étoile entre ses deux seins nus.
Allemands, regardez au-dessus de vos têtes,
Dans le grand ciel, tandis qu'acharnés aux conquêtes,
Vous, Germains, vous venez poignarder les Gaulois,
Tandis que vous foulez aux pieds toutes les lois,
Plus souillés que grandis par des victoires traîtres,
Vous verrez vos aïeux saluer nos ancêtres [1].

Paris bombardé. — Les femmes de Paris.

Un grand murmure sombre abonde au coin des rues :
C'est la foule ; tantôt ce sont des voix bourrues,
Tantôt des chants, parfois de belliqueux appels.
La Seine lentement traîne des archipels
De glaçons hésitants, lourds, où la canonnière
Court, laissant derrière elle une écumante ornière.
On vit de rien, on vit de tout, on est content.
Sur nos tables sans nappe, où la faim nous attend,
Une pomme de terre arrachée à sa crypte
Est reine, et les oignons sont dieux comme en Egypte.
Nous manquons de charbon, mais notre pain est noir.
Plus de gaz ; Paris dort sous un large éteignoir.
A six heures du soir, ténèbres. Des tempêtes
De bombes font un bruit monstrueux sur nos têtes.
D'un bel éclat d'obus j'ai fait mon encrier.
Paris assassiné ne daigne pas crier.
Les bourgeois sont de garde autour de la muraille ;
Ces pères, ces maris, ces frères qu'on mitraille,
Coiffés de leurs képis, roulés dans leurs cabans,
Guettent, ayant pour lit la planche de leurs bancs,
Soit. Moltke nous couronne et Bismarck nous affame.

1. *L'Année terrible.* — Décembre.

Paris est un héros, Paris est une femme,
Il sait être vaillant et charmant; ses yeux vont,
Souriants et pensifs, dans le grand ciel profond,
Du pigeon qui revient au ballon qui s'envole.
C'est beau; le formidable est sorti du frivole.
Moi, je suis là, joyeux de ne voir rien plier.
Je dis à tous d'aimer, de lutter, d'oublier,
De n'avoir d'ennemi que l'ennemi; je crie :
Je ne sais plus mon nom, je m'appelle Patrie!
Quant aux femmes, soyez très fière, en ce moment
Où tout penche, elles sont sublimes simplement.
Ce qui fit la beauté des Romaines antiques,
C'étaient leurs humbles toits, leurs vertus domestiques,
Leurs doigts que l'âpre laine avait faits noirs et durs,
Leurs courts sommeils, leur calme, Annibal près des mur
Et leurs maris debout sur la porte Colline.
Ces temps sont revenus. La géante féline,
La Prusse tient Paris, et, tigresse, elle mord
Ce grand cœur palpitant du monde à moitié mort.
Eh bien, dans ce Paris, sous l'étreinte inhumaine,
L'homme n'est que français, et la femme est romaine.
Elles acceptent tout, les femmes de Paris,
Leur âtre éteint, leurs pieds par le verglas meurtris,
Au seuil noir des bouchers les attentes nocturnes,
La neige et l'ouragan vidant leurs froides urnes,
La famine, l'horreur, le combat, sans rien voir
Que la grande patrie et que le grand devoir[1].

Les nouveaux riches.

Tu casses des cailloux, vieillard, sur le chemin;
Ton feutre humble et troué s'ouvre à l'air qui le mouille;
Sous la pluie et le temps ton crâne nu se rouille;
Le chaud est ton tyran, le froid est ton bourreau;
Ton vieux corps grelottant tremble sous ton sarrau;

1. *L'Année terrible.* — Janvier.

Ta cahute, au niveau du fossé de la route,
Offre son toit de mousse à la chèvre qui broute;
Tu gagnes dans ton jour juste assez de pain noir
Pour manger le matin et pour jeûner le soir;
Et, fantôme suspect devant qui l'on recule,
Regardé de travers quand vient le crépuscule,
Pauvre au point d'alarmer les allants et venants,
Frère sombre et pensif des arbres frissonnants,
Tu laisses choir tes ans ainsi qu'eux leur feuillage.
Autrefois, homme alors dans la force de l'âge,
Quand tu vis que l'Europe implacable venait,
Et menaçait Paris et notre aube qui naît,
Et, mer d'hommes, roulait vers la France effarée,
Et le Russe et le Hun sur la terre sacrée
Se ruer, et le Nord revomir Attila,
Tu te levas, tu pris ta fourche; en ces temps-là,
Tu fus, devant les rois qui tenaient la campagne,
Un des grands paysans de la grande Champagne.
C'est bien. Mais, vois, là-bas, le long du vert sillon
Une calèche arrive, et, comme un tourbillon,
Dans la poudre du soir qu'à ton front tu secoues,
Mêle l'éclair du fouet au tonnerre des roues.
Un homme y dort. Vieillard, chapeau bas! Ce passant
Fit sa fortune à l'heure où tu versais ton sang;
Il jouait à la baisse, et montait à mesure
Que notre chute était plus profonde et plus sûre :
Il fallait un vautour à nos morts; il le fut;
Il fit, travailleur âpre et toujours à l'affût,
Suer à nos malheurs des châteaux et des rentes;
Moscou remplit ses prés de meules odorantes;
Pour lui Leipsick payait des chiens et des valets,
Et la Bérésina charriait un palais ;
Pour lui, pour que cet homme ait des fleurs, des charmilles,
Des parcs dans Paris même ouvrant leurs larges grilles,
Des jardins où l'on voit le cygne errer dans l'eau,
Un million joyeux sortit de Waterloo;
Si bien que du désastre il a fait sa victoire,

Et que, pour la manger, et la tordre, et la boire,
Ce Shaylock, avec le sabre de Blücher,
A coupé sur la France une livre de chair.
Or, de vous deux, c'est toi qu'on hait, lui qu'on vénère.
Vieillard, tu n'es qu'un gueux, et ce millionnaire,
C'est l'honnête homme. Allons, debout, et chapeau bas[1]!

1. *Les Contemplations.* — *Autrefois.* — Si l'on substitue aux noms des villes ci-dessus Ypres, Verdun, Douaumont, etc., l'apostrophe s'applique aussi bien à beaucoup de nouveaux riches de la guerre de 1914-1918.

CHAPITRE V

LES ALLIÉS. — TRIPLE ENTENTE

Angleterre.

L'union de la France et de l'Angleterre peut produire des résultats immenses pour l'avenir de l'humanité.

La France et l'Angleterre sont les deux pieds de la civilisation[1].

En fait de concorde, puisque c'est là la question, nous allons bien au delà de tout ce que rêvent les diplomaties; nous ne voulons pas seulement l'alliance de la France avec l'Angleterre, nous voulons l'alliance de l'Europe avec elle-même, et de l'Europe avec l'Amérique, et du monde avec le monde! Nous sommes les ennemis de la guerre; nous sommes les souffre-douleurs de la fraternité; nous sommes les agitateurs de la lumière et de la vie; nous combattons la mort qui bâtit les échafauds et la nuit qui trace les frontières; pour nous il n'y a dès à présent qu'un peuple comme il n'y aura dans l'avenir qu'un homme; nous voulons l'harmonie universelle dans le rayonnement universel; et nous tous, tous! nous donnerions notre sang avec joie pour avancer d'une heure le jour où sera donné le sublime baiser de paix des nations!

Donc que les amis de l'alliance anglo-française ne prennent pas le change sur mes paroles. Plus que qui que ce soit, j'y insiste, nous républicains, nous voulons

---

1. *Littérature et Philosophie mêlées.*

ces alliances, car, je le répète, l'union parmi les peuples, et, plus encore l'unité dans l'humanité, c'est là notre symbole. Mais ces unions, nous les voulons pures, intimes, profondes, fécondes ; morales pour qu'elles soient réelles, honnêtes pour qu'elles soient durables ; nous les voulons fondées sur les intérêts sans nul doute, mais fondées plus encore sur toutes les fraternités du progrès et de la liberté ; nous voulons qu'elles soient en quelque sorte la résultante d'une majestueuse marche amicale dans la lumière ; nous les voulons sans humiliation d'un côté, sans abdication de l'autre, sans arrière-pensée pour l'avenir, sans spectres dans le passé.

Nous voulons des fédérations signées Washington[1].

Désormais, éclairer les nations encore obscures, ce sera la fonction des nations éclairées. Faire l'éducation du genre humain, c'est la mission de l'Europe.

Chacun des peuples européens devra contribuer à cette sainte et grande œuvre dans la proportion de sa propre lumière. Chacun devra se mettre en rapport avec la portion de l'humanité sur laquelle il peut agir[2].

France et Angleterre sont pour moi un seul peuple, comme vérité et liberté sont une seule lumière[3].

Italie.

Citoyens de Rome et du monde,

Vous venez de faire du Janicule une grande chose.

Vous, peuple romain, par-dessus tous les abîmes qui séparent aujourd'hui les nations, vous avez tendu la main au peuple français.

La mère, qui est l'Italie, a embrassé la fille, qui est la France ; le Capitole a acclamé l'Hôtel de Ville ; le mont Aventin a fraternisé avec Montmartre.

---

1. *Pendant l'Exil.* — 1854.
2. *Le Rhin.* — Conclusion.
3. *Correspondance.*

À de certaines heures sinistres, où l'obscurité monte, où le silence se fait, où il semble qu'on assiste à on ne sait quelle coalition des ténèbres, il est bon que les puissants échos de l'histoire s'éveillent et se répondent; il est bon que les tombeaux prouvent qu'ils contiennent de l'aurore; il est bon que le rayon sorti des sépulcres s'ajoute au rayon sorti des berceaux; il est bon que toutes les formes de la lumière se mêlent et s'entr'aident; et chez vous, Italiens, toutes les clartés sont vivantes; et lorsqu'il s'agit d'attester la pensée, qui est divine, et la liberté, qui est humaine, lorsqu'il s'agit de chasser les préjugés et les tyrans, lorsqu'il s'agit de manifester à la fois l'esprit humain et le droit populaire, qui donc prendra la parole si ce n'est cette *alma parens* qui, en fait de génies, a Dante égal à Homère, et, en fait de héros, Garibaldi égal à Thrasybule?

Oui, la civilisation vous remercie. Le peuple romain fait bien de serrer la main au peuple français; cette fraternité de géants est belle. Aucun découragement n'est possible devant de telles initiatives prises par de telles nations. On sent dans cette volonté de concorde l'immense paix de l'avenir. De tels symptômes font naître dans les cœurs toutes les bonnes certitudes.

Oui, le progrès sera; oui, le jour luira; oui, la délivrance viendra; oui, les soi-disant hommes impeccables, les infaillibles comme les inamovibles, confesseront la faiblesse humaine devant l'éternelle vérité et l'éternelle justice; oui, l'irrévocable, l'irréparable et l'inintelligible disparaîtront; oui, l'échafaud et la guerre s'évanouiront; oui, le bagne sera ôté de la vie et l'enfer sera ôté de la mort[1].

En ce moment où la grande civilisation latine est menacée, les Italiens doivent être Français. De même que demain, si Rome courait les dangers que court aujourd'hui Paris, les Français devraient être Italiens.

1. *Depuis l'Exil.* — Réponse aux Romains.

D'ailleurs, de même qu'il n'y a qu'une seule humanité, il n'y a qu'un seul peuple. Défendre partout le progrès humain en péril, c'est l'unique devoir; c'est cimenter à jamais l'amitié de la France et de l'Italie : c'est garder en réserve cette amitié, force immense de l'avenir; c'est accoupler, dans une sorte de rayonnement fraternel, l'âme de Rome et l'âme de Paris, ces deux lumières du monde; c'est offrir aux peuples ce magnifique et rassurant spectacle, les deux cités qui sont le double centre des hommes, les deux capitales-sœurs de la civilisation, étroitement unies pour la liberté et pour le progrès, faisant cause commune, et se protégeant l'une l'autre contre le Nord d'où vient le fanatisme.

Nous traversons en ce moment une heure solennelle. Laissez-moi envoyer, au nom de ce grand Paris, un vœu de gloire et de bonheur à cette grande Rome. Laissez-moi dire à cette nation illustre qu'il y a entre elle et nous parenté sacrée, que nous voulons ce qu'elle veut, que son unité nous importe autant qu'à elle-même, que sa liberté fait partie de notre délivrance, et que sa puissance fait partie de notre prospérité. Laissez-moi dire enfin qu'il y a, à cette heure, une bonne façon d'être patriote, c'est, pour un Italien, d'aimer la France, et, pour un Français, d'aimer l'Italie[1].

*
* *

La France debout, c'est l'Europe libre. Vous Italiens, élite humaine, nation mère, l'un des plus rayonnants groupes d'hommes que la terre ait portés, vous au-dessus desquels il n'y a rien, vous ne sentiriez pas que nous sommes vos frères, vos frères par l'idée, vos frères par l'épreuve; que l'éclipse actuelle finira subitement pour tous à la fois; que si demain est à nous, il est à vous; et que le jour où il y aura dans le monde la France, il y aura l'Italie!

1. *Depuis l'Exil.* — 1878.

Nous sommes le même peuple, nous sommes la même humanité. Vous la république romaine, nous la république française, nous sommes pénétrés du même souffle de vie ; nous ne pouvons pas plus nous dérober, nous Français, au rayonnement de l'Italie que vous ne pouvez vous soustraire, vous Italiens, au rayonnement de la France. Il y a entre vous et nous cette profonde solidarité humaine d'où naîtra l'ensemble pendant la lutte et l'harmonie après la victoire. Italiens, la fédération des nations continentales sœurs et reines, et chacune couronnée de la liberté de toutes, la fraternité des patries dans la suprême unité républicaine, les Peuples-Unis d'Europe, voilà l'avenir.

Ne détournez pas un seul instant vos yeux de cet avenir magnifique. La grande solution est proche ; ne souffrez pas qu'on vous fasse une solution à part Nous sommes dans le temps de ces enjambées formidables qu'on appelle révolutions. Les peuples perdent des siècles et les regagnent en une heure. Pour la liberté comme pour le Nil, la fécondation, c'est la submersion.

Ayons foi. Pas de moyens termes, pas de compromis, pas de demi-mesures, pas de demi-conquêtes. Quoi ! accepter des concessions, quand on a le droit et l'appui des princes, quand on a l'appui des peuples ! Il y a de l'abdication dans cette espèce de progrès-là. Non, visons haut, pensons vrai, marchons droit. Les à peu près ne suffisent plus. Tout se fera ; et tout se fera en un pas, en un jour, en un seul éclair, en un seul coup de tonnerre. Ayons foi.

Quand l'heure de la chute sonnera, la révolution, brusquement, à pic, de son droit divin, sans préparation, sans transition, sans crépuscule, jettera sur l'Europe son prodigieux éblouissement de liberté, d'enthousiasme et de lumière, et ne laissera au vieux monde que le temps de tomber.

Frères, quand on est la vieille race d'Italie, quand on a dans les veines tous les beaux siècles de l'histoire et le sang même de la civilisation, quand on n'est ni abâtardi ni dégénéré, quand on a su retrouver, le jour où on l'a voulu, tous les grands niveaux du passé, quand on est ce que vous êtes, en un mot, on sent qu'on a tout en soi ; on se dit qu'on porte sa délivrance dans sa main et sa destinée dans sa volonté ; on méprise les avances et les offres des princes, et l'on ne se laisse rien donner par ceux à qui l'on a tout à reprendre.

Le règne des monstres et des despotes, grands et petits, n'a plus que quelques instants, nous sommes à la fin. Souvenez-vous-en, vous êtes les fils de cette terre prédestinée pour le bien, fatale pour le mal ; sur laquelle jettent leur ombre ces deux géants de la pensée humaine : Michel-Ange et Dante ; Michel-Ange, le jugement ; Dante, le châtiment.

Gardez entière et vierge votre mission sublime.

Ne vous laissez ni amortir ni amoindrir.

Votre mission est à la fois destructive et civilisatrice. Elle ne peut pas ne point s'accomplir. N'en doutez pas, la providence fera sortir de toute cette ombre une Italie grande, forte, heureuse et libre. Vous portez en vous la révolution qui dévorera le passé, et la génération qui fondera l'avenir. Il y a en même temps, sur le front auguste de cette Italie que nous entrevoyons dans les ténèbres, les premières rougeurs de l'incendie et les premières lueurs de l'aube[1].

* *

Tous, qui que nous soyons, battons des mains à l'Italie. Glorifions-la, cette terre aux grands enfantements. *Alma parens.* C'est dans de telles nations que de certains dogmes abstraits apparaissent réels et visibles ; elles sont vierges par l'honneur et mères par le progrès.

Dites, vous la figurez-vous, cette vision qui sera une réalité demain ? C'est fini ; tout ce qui était mensonge,

1. *Pendant l'Exil*, 1856. — A l'Italie.

fiction, cendre et nuit, s'est dissipé. L'Italie, la grande morte, s'est réveillée ; voyez-la, elle se lève et sourit au genre humain. Elle dit à la Grèce : Je suis ta fille ; elle dit à la France : je suis ta mère. Elle a autour d'elle ses poètes, ses orateurs, ses artistes, ses philosophes, tous ces conseillers de l'humanité, tous ces pères conscrits de l'intelligence universelle, tous ces membres du Sénat des siècles, et à sa droite et à sa gauche, ces deux effrayants grands hommes, Dante et Michel-Ange. L'Italie se dresse, l'Italie marche, *patuit dea;* elle éclate ; elle communique au progrès du monde entier la grande fièvre joyeuse propre à son génie, et l'Europe s'électrisera à ce resplendissement prodigieux ; et il n'y aura pas moins d'extase dans l'œil des peuples, pas moins de réverbération sublime dans les fronts, pas moins d'admiration, pas moins d'allégresse, pas moins d'éblouissement pour cette nouvelle clarté sur la terre que pour une nouvelle étoile dans le ciel.

O mes frères en humanité, c'est l'heure de la joie et de l'embrassement. Mettons de côté toute nuance exclusive, tout dissentiment politique, petit en ce moment ; à cette minute sainte où nous sommes, fixons uniquement nos yeux sur cette œuvre sacrée, sur ce but solennel, sur cette vaste aurore, les nations affranchies, et confondons toutes nos âmes dans ce cri formidable digne du genre humain et du ciel : vive la liberté ! Oui, que cette civilisation de l'ancien continent, qui a aboli la superstition par Voltaire, l'esclavage par Wilberforce, l'échafaud par Beccaria, que cette civilisation aînée reparaisse dans son rayonnement désormais inextinguible, et qu'elle élève au-dessus des hommes son vieux phare composé de ces trois grandes flammes, la France, l'Angleterre et l'Italie[1] !

1. *Pendant l'Exil.* — 1860.

Amérique.

MESSAGE DU PRÉSIDENT DES ÉTATS-UNIS, M. WILSON,
AU SÉNAT (22 JANVIER 1917).

*... Il est inconcevable que le peuple des Etats-Unis ne
doive jouer aucun rôle dans cette grande entreprise.
Accepter sa part d'une telle mission, c'est une conjonc-
ture à laquelle il s'est volontairement préparé, grâce
aux principes mêmes et à l'esprit de sa constitution,
grâce à la politique toujours approuvée de son gouver-
nement, depuis le temps où il a fondé une nouvelle na-
tion dans le bel espoir qu'il pourrait montrer à l'hu-
manité, par toute sa manière d'être et par tous ses
actes, le chemin vers la liberté. L'honneur lui interdit
de se dérober à la mission pour laquelle il va être fait
appel à lui.*

J'aime l'Amérique comme une patrie. La grande
république de Washington et de John Brown est une
gloire pour la civilisation. *Qu'elle n'hésite pas à prendre
souverainement sa part du gouvernement du monde.*

L'Europe a les yeux fixés sur l'Amérique. Ce que
l'Amérique fera sera bien fait. L'Amérique a ce double
bonheur d'être libre comme l'Angleterre et logique
comme la France.

Nous sommes les concitoyens de toute nation qui
est grande[1].

... Oui, à côté des Etats-Unis d'Amérique, nous de-
vons avoir les Etats-Unis d'Europe ; les deux mondes
devraient faire une seule République. Ce jour viendra,
et alors la paix des peuples sera fondée sur cette base,
la seule fondation solide, la liberté des hommes[2].

La pensée qui se dégage du milieu de nous en ce
moment est la plus sainte pensée de concorde et d'har-
monie que puissent avoir les peuples. La civilisation a
ses hauts faits. Nous venons proclamer l'auguste amitié
des deux mondes, et affirmer l'alliance entre les deux

1. *Pendant l'Exil.* — Le Travail en Amérique.
2. *Pendant l'Exil*, 1870. — Washington.

vastes groupes d'hommes que l'Atlantique sépare par la tempête et unit par la navigation. Dans une époque inquiète et troublée, cela est bon à dire et beau à voir.

Nous, citoyens, nous n'avons ni trouble ni inquiétude, et en entrant dans cette enceinte avec la sérénité de l'espérance, avec un ferme désir et un ferme dessein d'apaisement universel, sachant que nous ne voulons que le juste, l'honnête et le vrai, nous constatons que la France est plus que jamais en équilibre avec le monde civilisé, et nous sommes heureux de sentir que nous avons en nous la conscience du genre humain.

Ce que nous célébrons aujourd'hui, c'est la communion des nations; nous acceptons la solennité de ce jour, et nous l'augmentons par la fraternité. De la pâque chrétienne, nous faisons la pâque populaire.

L'histoire par moments semble pleine de ténèbres. On dirait que le vieil effort du mal contre le bien va réussir. Les hommes du passé, qui se croient les maîtres du monde, et qui ne sont pas même les maîtres de leur berceau ni de leur tombeau, les hommes du passé font un travail terrible. Pendant que nous tâchons de créer la vie, ils font la guerre, c'est-à-dire la mort. Faire la mort, quelle sombre folie! Les hommes régnants, si différents des hommes pensants, travaillent pendant que nous travaillons. Ils ont leur fécondité à eux, qui est la destruction; ils ont, eux aussi, leurs inventions, leurs perfectionnements, leurs découvertes; ils inventent, quoi? le canon Krupp; ils perfectionnent, quoi? la mitrailleuse. Ils ont pour épée la force et pour cuirasse l'ignorance; ils tournent dans le cercle vicieux des batailles; ils cherchent la pierre philosophale de l'armement invincible et définitif; ils dépensent des millions pour faire des navires que ne peut trouer aucun projectile, puis ils dépensent d'autres millions pour faire des projectiles qui peuvent trouer tous les navires; cela fait, ils recommencent; leurs pugilats et leurs carnages vont de la Crimée au

Mexique et du Mexique à la Chine : ils ont Inker-
mann, ils ont Balaklava, ils ont Sadowa, et Puebla qui
a pour contre-coup Queretaro, et Rosbach qui a pour
réplique Iéna, et Iéna qui a pour réplique Sedan; triste
chaîne sans fin de victoires, c'est-à-dire de catastro-
phes; ils s'arrachent des provinces; ils écrasent les
armées par les armées; ils multiplient les frontières,
les prohibitions, les préjugés, les obstacles; ils mettent
le plus de murailles possible entre l'homme et l'homme;
ici la vieille muraille romaine, là la vieille muraille ger-
manique ; ici Pierre, là César; et, quand ils croient
avoir bien séparé les nations des nations, bien rebâti
le moyen âge sur la révolution, bien tiré de la maxime
diviser pour régner tout ce qu'elle contient de monar-
chie et de haine, bien fondé la discorde à jamais, bien
dissipé tous les rêves de paix universelle, quand ils sont
satisfaits et triomphants dans la certitude de la guerre
éternelle, quand ils disent : c'est fini! — tout à coup,
on voit, aux deux extrémités de la terre, se lever, l'une
à l'orient, l'autre à l'occident, deux mains immenses
qui se tendent l'une vers l'autre, et se joignent et s'é-
treignent par-dessus l'Océan; c'est l'Europe qui frater-
nise avec l'Amérique.

C'est le genre humain qui dit : Aimons-nous!

L'avenir est dès à présent visible; il appartient à la
démocratie une et pacifique. Le vingtième siècle verra
l'embrassement des Etats-Unis d'Amérique et des Etats-
Unis d'Europe.

Allez, travailleurs de France, allez, ouvriers de Paris
qui savez penser, allez, ouvrières de Paris qui savez
combattre, hommes utiles, femmes vaillantes, allez por-
ter la bonne nouvelle, allez dire au nouveau monde que
le vieux monde est jeune. Vous êtes les ambassadeurs
de la fraternité. Vous êtes les représentants de Guten-
berg chez Franklin et de Papin chez Fulton; vous êtes
les députés de Voltaire dans les pays de Washington.
Dans cette illustre Amérique, vous arriverez de l'orient;

vous aurez pour étendard l'aurore ; vous serez des hommes éclairants ; les porte-drapeau d'aujourd'hui sont les porte-lumière. Soyez suivis et bénis par l'acclamation humaine, vous qui, après tant de désastres et tant de violences, le flambeau de la civilisation à la main, allez de la terre où naquit Jésus-Christ à la terre où naquit John Brown !

Que la civilisation, qui se compose d'activité, de concorde et de mansuétude, soit satisfaite. Le rapprochement des deux grandes républiques ne sera pas perdu ; notre époque s'en améliorera. Un souffle de clémence dilatera les cœurs. Les deux continents échangeront non seulement leurs produits, leurs commerces, leurs industries, mais leurs idées, et les progrès dans la justice aussi bien que les progrès dans la pospérité[1].

Le moment ne serait-il pas venu où la civilisation, que nous avons vue tour à tour déserter l'Asie pour l'Afrique, l'Afrique pour l'Europe, va se remettre en route et continuer son majestueux voyage autour du monde ? Ne semble-t-elle pas se pencher vers l'Amérique ? N'at-elle pas inventé des moyens de franchir l'Océan plus vite qu'elle ne traversait autrefois la Méditerranée ? D'ailleurs, lui reste-t-il beaucoup à faire en Europe ? Est-il hasardé de supposer qu'usée et dénaturée dans l'ancien continent, elle aille chercher une terre neuve et vierge pour se rajeunir et la féconder ? Et pour cette terre nouvelle, ne tient-elle pas tout prêt un principe nouveau[2] ; nouveau, quoiqu'il jaillisse aussi, lui, de cet évangile qui a deux mille ans, si toutefois l'évangile a un âge ? Nous voulons parler ici du principe d'émancipation, de progrès et de liberté qui semble devoir être désormais la loi de l'humanité. C'est en Amérique que jusqu'ici l'on en a fait les plus larges applications. Là, l'échelle d'essai est immense. Là les nouveautés

---

1. *Depuis l'Exil.* — L'Exposition de Philadelphie.
2. Formulé par le président Wilson dans les quatorze articles qui ont servi de base au traité de Versailles.

sont à l'aise. Rien ne les gêne. Elles ne trébuchent
point à chaque pas contre des tronçons de vieilles institu-
tions en ruines. Aussi, si ce principe est appelé, comme
nous le croyons avec joie, à refaire la société des hom-
mes, l'Amérique en sera le centre. De ce foyer s'épandra
sur le monde la lumière nouvelle, qui, loin de dessé-
cher les anciens continents, leur redonnera peut-être
chaleur, vie et jeunesse. Les quatre mondes deviendront
frères dans un perpétuel embrassement. Aux trois théo-
craties successives d'Asie, d'Afrique et d'Europe succé-
dera la famille universelle. Le principe d'autorité fera
place au principe de liberté, qui, pour être plus hu-
main, n'est pas moins divin.

Nous ne savons, mais, si cela doit être, si l'Amérique
doit offrir le quatrième acte de ce drame des siècles, il
sera certainement bien remarquable qu'à la même épo-
que où naissait l'homme qui devait, préparant l'anarchie
religieuse, introduire le germe de mort dans la vieille
société royale et pontificale d'Europe, un autre homme
ait découvert une nouvelle terre, futur asile de la civi-
lisation fugitive ; qu'en un mot, Christophe Colomb
ait trouvé un monde au moment où Luther en allait
détruire un autre.

Aliquis providet[1].

1. *Littérature et Philosophie mêlées.* — *Fragment d'histoire.*

CHAPITRE VI

LA QUESTION DE LA PAIX

Aux défaitistes.

Qui donc a dit : La France tombe !
Demain on verra tout à coup
La grande pierre de sa tombe
Se lever lentement debout.
Oui, demain, oui, l'heure est prochaine.
Voyez. Elle se dresse, ayant
Dans ses deux poings où pend sa chaîne,
Un tronçon d'épée effrayant.

Oui, l'avenir nous le ramène,
Ce puissant glaive où Dieu clément
A remplacé la lame humaine
Par le céleste flamboiement.

Oh ! souhaitons la bienvenue
A ce glaive prodigieux !
Qu'il nous fasse voir dans la nue
Le groupe étoilé des aïeux !

Que son éclair montre à notre âme
Toutes ces faces de géants,
Martel qui terrasse Abdérame,
Jeanne qui délivre Orléans ;

Et ces preux, beaux dans leur croyance,
Bayard qui ne plia jamais,

Marceau qui mourut sous Mayence,
Hoche qui fût mort devant Metz!

Qu'on écoute leurs voix bruire,
Et qu'on ne puisse deviner
Si c'est Kléber qu'on entend rire.
Ou le ciel qu'on entend tonner.

Que ce fier glaive de la France
Soit le glaive du genre humain;
Qu'il abolisse la souffrance,
Epée aujourd'hui, soc demain;

Qu'il soit pour tous la délivrance,
Qu'il perce le nuage obscur.
Et qu'il nous rende l'espérance
Ici-bas, et là-haut l'azur!

Que ce glaive crée et foudroie,
Qu'il sème à coups d'éclairs le jour,
Et qu'il en sorte de la joie,
Et qu'il en sorte de l'amour!

Sur toute la terre ravie,
Qu'il allume avec sa clarté
Un sublime orage de vie,
De victoire et de liberté!

Qu'il fauche le mal comme l'herbe;
Qu'on dise : Il a fondé nos droits;
Et qu'il soit à jamais superbe
Par l'immense fuite des rois[1]!

*
* *

Ah! sombres cœurs brisés et qu'emplit l'amertume,
Espérez, ô vaincus! ce n'est pas la coutume
De la France d'avoir longtemps le front courbé.

1. *Toute la Lyre*. — La Corde d'airain.

Après Blenheim, après Rosbach, on est tombé,
Mais on s'est relevé par Ulm et par Arcole.
Subissez le malheur comme on subit l'école;
Couvez l'âpre courroux des cœurs humiliés.
Soit! pour un instant, fils de France, vous pliez.
Hélas! et vous avez fait un pas en arrière;
Mais vous n'en rentrerez que d'une âme plus fière
Dans notre antique gloire et dans nos vieux chemins.

Ils défaillaient aussi, les grands soldats romains,
Et, quand César passait, ces mécontents épiques
Lui demandaient la paix en abaissant les piques;
Ce qui n'empêchait pas, pourtant, nous l'oublions,
Ces hommes de se battre ainsi que des lions,
Et les peuples d'avoir pour ces légionnaires
Le culte épouvanté qu'on a pour les tonnerres.
Oui, parfois, quand l'élan romain s'interrompit,
Les barbares avaient un moment de répit;
Et l'on riait de voir s'en retourner aux villes
Les vieux hastati las et blancs et les pupilles
Dont le visage à peine avait un blond duvet;
Mais bientôt cette armée en qui Rome vivait
Rebouclait sa cuirasse, et rentrait en campagne,
Et partout, en Dacie, en Phrygie, en Espagne,
Les rois se remettaient à trembler, quand le vent
Leur apportait le bruit de sa marche en avant[1].

. . . .

Non, non, non! Quoi! ce roi de Prusse suffirait!
Quoi! Paris, ce lieu saint, cette cité forêt,
Cette habitation énorme des idées
Vers qui par des lueurs les âmes sont guidées,
Ce tumulte enseignant la science aux savants,
Ce grand lever d'aurore au milieu des vivants,
Paris, sa volonté, sa loi, son phénomène,

1. *Toute la Lyre.* — La Corde d'airain.

Sa consigne donnée à l'avant-garde humaine,
Son Louvre qu'a puni sa Grève, son beffroi,
D'où sort tant d'espérance et d'où sort tant d'effroi,
Ses toits, ses murs, ses tours, son étrange équilibre
De Notre-Dame esclave et du Panthéon libre;
Quoi! cet infini, quoi! ce gouffre, cet amas,
Ce navire idéal aux invisibles mâts,
Paris, et sa moisson qu'il fauche et qu'il émonde,
Sa croissance mêlée à la grandeur du monde,
Ses révolutions, son exemple, et le bruit
Du prodige qu'au fond de sa forge il construit,
Quoi! ce qu'il fonde, invente, ébauche, essaie, et crée,
Quoi! l'avenir couvé sous son aile sacrée,
Tout s'évanouirait dans un coup de canon!
Quoi! ton rêve, ô Paris, serait un rêve! non.

Paris est du progrès toute la réussite.
Qu'importe que le Nord roule son noir Cocyte
Et qu'un flot de passants le submerge aujourd'hui,
Les siècles sont pour lui si l'heure est contre lui.
Il ne périra pas.

               Quand la tempête gronde,
Mes amis, je me sens une foi plus profonde;
Je sens dans l'ouragan le devoir rayonner,
Et l'affirmation du vrai s'enraciner;
Car le péril croissant n'est pour l'âme autre chose
Qu'une raison de croître en courage, et la cause
S'embellit, et le droit s'affermit, en souffrant,
Et l'on semble plus juste alors qu'on est plus grand.
Il m'est fort malaisé, quant à moi, de comprendre
Qu'un lutteur puisse avoir un motif de se rendre;
Je n'ai jamais connu l'art de désespérer;
Il faut pour reculer, pour trembler, pour pleurer,
Pour être lâche, et faire avec l'honneur divorce,
Se donner une peine au-dessus de ma force[1].

1. *L'Année terrible,* IV.

*
* *

Aux pacifistes.

AVANT LA CONCLUSION DU TRAITÉ

Si nous terminions cette guerre
Comme la Prusse le voudrait,
La France serait comme un verre
Sur la table d'un cabaret;

On le vide, puis on le brise.
Notre fier pays disparaît.
O deuil! il est ce qu'on méprise,
Lui qui fut ce qu'on admirait.

Noir lendemain! l'effroi pour règle.
Toute lie est bue à son tour;
Et le vautour vient après l'aigle,
Et l'orfraie après le vautour;

Deux provinces écartelées;
Strasbourg en croix, Metz au cachot;
Sedan, déserteur des mêlées,
Marquant la France d'un fer chaud;

Partout, dans toute âme captive,
Le goût abject d'un vil bonheur
Remplace l'orgueil; on cultive
La croissance du déshonneur;

Notre antique splendeur flétrie,
L'opprobre sur nos grands combats;
L'étonnement de la patrie
Point accoutumée aux fronts bas,

L'ennemi dans nos citadelles,
Sur nos tours l'ombre d'Attila,

De sorte que les hirondelles
Disent : La France n'est plus là !

Entre France et Prusse on s'abhorre ;
Tout ce troupeau d'hommes nous hait ;
Et notre éclipse est leur aurore,
Et notre tombe est leur souhait.

Naufrage ! Adieu les grandes tâches !
Tout est trompé ; tout est trompeur ;
On dit de nos drapeaux : Ces lâches,
Et de nos canons : Ils ont peur !

Plus de fierté ; plus d'espérance ;
Sur l'histoire un suaire épais... —
Dieu, ne fais pas tomber la France
Dans l'abîme de cette paix [1] !

**
* *

Jusqu'au bout.

Le problème de la paix se complique d'une immense énigme de guerre.

Le *quidquid delirant reges* a produit son effet.

Ajournement de toutes les fraternités ; où il y avait l'espérance, il y a la menace ; on a devant soi une série de catastrophes qui s'engendrent les unes des autres et qu'il est impossible de ne pas épuiser ; il faudra aller jusqu'au bout de la chaîne.

La logique des faits violents ne se dément jamais, le despotisme s'est transformé, c'est-à-dire renouvelé, et s'est déplacé, c'est-à-dire fortifié ; l'empire militaire a abouti à l'empire gothique, et de France a passé en Allemagne. C'est là qu'est aujourd'hui l'obstacle. Tout

1. *L'Année terrible.* — Février.

ce qui a été fait doit être défait. Nécessité funeste. Il y a entre l'avenir et nous une interposition fatale. On ne peut plus entrevoir la paix qu'à travers un choc et au delà d'un inexorable combat. La paix, hélas! c'est toujours l'avenir, mais ce n'est plus le présent. Toute la situation actuelle est une sombre et sourde haine.

Haine du soufflet reçu.

Qui a été souffleté? Le monde entier. La France frappée à la face, c'est la rougeur au front de tous les peuples. C'est l'affront fait à la mère. De là la haine.

Haine de vaincus à vainqueurs, vieille haine éternelle; haine de peuples à rois, car les rois sont des vainqueurs dont les vaincus sont les peuples; haine réciproque, et sans autre issue qu'un duel.

Conflit lamentable! Quelle extrémité pour le genre humain! La France ne peut attaquer un peuple sans être fratricide; un peuple ne peut attaquer la France sans être parricide. Inexprimable serrement de cœur!

Nous, préparateurs des faits futurs, nous eussions désiré une autre issue; mais les événements ne nous écoutent pas; il vont au même but que nous, mais par d'autres moyens. Où nous emploierions la paix, ils emploient la guerre. Pour des motifs inconnus, ils préfèrent les solutions de haute lutte. Ce que nous ferions à l'amiable, ils le font par effraction. La providence a de ces brusqueries.

Mais il est impossible que le philosophe n'en soit pas profondément attristé.

Ce qu'il constate douloureusement, ce qu'il ne peut nier, c'est l'enchaînement des faits, c'est leur nécessité, c'est leur fatalité. Il y a une algèbre dans les désastres.

La guerre de 1870 a débuté par un guet-apens et s'est terminée par une voie de fait. Ceux qui ont fait le coup n'ont pas vu le contre-coup. Ce sont là des fautes d'hommes d'Etat. On se perd par l'éblouissement de sa victoire. Qui voit trop la force est aveugle au droit. Or la France a droit à l'Alsace et à la Lorraine. Pourquoi? Parce que l'Alsace et la Lorraine ont droit à la France. Parce que les peuples ont droit à la lumière et non à la nuit.

Le monde ne peut accepter la diminution de la France. *La solidarité des peuples qui eût fait la paix, fera la guerre.* La France est une sorte de propriété humaine. Elle appartient à tous, comme autrefois Rome, comme autrefois Athènes. On ne saurait trop insister sur ces réalités. Voyez comme la solidarité éclate. Le jour où la France a dû payer cinq milliards, le monde lui en a offert quarante-cinq. Ce fait est plus qu'un fait de crédit, c'est un fait de civilisation. Après les cinq milliards payés, Berlin n'est pas plus riche et Paris n'est pas plus pauvre. Pourquoi? Parce que Paris est nécessaire et que Berlin ne l'est pas. Celui-là seul est riche qui est utile.

En écrivant ceci, je ne me sens pas Français, je me sens homme.

Voyons sans illusion comme sans colère la situation telle qu'elle est. On a dit : *Delenda Carthago;* il faut dire : *Servanda Gallia.*

Quand une plaie est faite à la France, c'est la civilisation qui saigne. La France diminuée, c'est la lumière amoindrie. Un crime contre la France a été commis; les rois ont fait subir à la France toute la quantité de meurtre possible contre un peuple. Cette mauvaise action des rois, il faut que les rois l'expient, *et c'est de là que sortira la guerre; et il faut que les peuples la réparent, et c'est de là que sortira la fraternité.* La réparation, ce sera la fédération. Le dénoûment, le voici : États-Unis d'Europe. La fin sera au peuple, c'est-à-dire à la Liberté, et à Dieu, c'est-à-dire à la Paix[1].

---

1. *Depuis l'Exil.* — La Question de la paix remplacée par la question de la guerre.

*
* *

Quand nous serons vainqueurs, nous verrons. Montrons-leur,
Jusque-là, le dédain qui sied à la douleur.
L'œil âprement baissé convient à la défaite.
Libre, on était apôtre; esclave, on est prophète;
Nous sommes garrottés! Plus de nations sœurs!
Et je prédis l'abîme à nos envahisseurs.
C'est la fierté de ceux qu'on a mis à la chaîne
De n'avoir désormais d'autre abri que la haine.
Aimer les Allemands? Cela viendra, le jour
Où par droit de victoire on aura droit d'amour.
La déclaration de paix n'est jamais franche
De ceux qui, terrassés, n'ont pas pris leur revanche;
Attendons notre tour de barrer le chemin.
Mettons-les sous nos pieds, puis tendons-leur la main.
Je ne puis que saigner tant que la France pleure.
Ne me parlez donc pas de concorde à cette heure;
Une fraternité bégayée à demi
Et trop tôt, fait hausser l'épaule à l'ennemi,
Et l'offre de donner aux rancunes relâche.
Qui demain sera digne, aujourd'hui serait lâche[1].

1. *L'Année terrible.* — A ceux qui reparlent de fraternité.

CHAPITRE VII

BUTS DE GUERRE

Alsace-Lorraine.

« Je commence par prendre, je trouverai ensuite des savants pour démontrer mon bon droit. » (FRÉDÉRIC II.)

« A cette question : l'Allemagne peut-elle, relativement à l'Alsace-Lorraine, faire à la France des concessions quelconques ? nous n'avons qu'une réponse : non, jamais ! » (Tempête d'applaudissements prolongés.) (*Déclaration du secrétaire d'Etat von Kühlmann au Reichstag. Le Temps,* 10 octobre 1917.)

Ainsi nous n'avons plus Strasbourg, nous n'avons plus
Metz, la chaste maison des vieux Francs chevelus !
Ces villes, ces cités, déesses crénelées,
Ce Teuton nous les a tranquillement volées !
Ainsi le Chasseur Noir a ces captives-là !
Ainsi ce cavalier monstrueux, Attila,
Horrible, les attache aux arçons de sa selle ;
A l'un pend l'héroïne, à l'autre la pucelle !
Et les voilà, râlant dans le carcan de fer,
Metz où régna Clovis, Strasbourg d'où vint Kléber !
Le vautour a ces monts et ces prés sous son aile !

Et tout cela pourtant, c'est la France éternelle ?
C'est à nous, ce Haut-Rhin où la Gaule apparaît !
J'en atteste l'été, le printemps, la forêt,
Les astres toujours purs, les roses toujours neuves
Et le ruissellement d'émeraudes des fleuves !

10

J'en atteste l'épi doré, le nid d'oiseau,
Et le petit enfant qui, nu dans son berceau,
Joue avec son pied rose en attendant la France !
J'en atteste l'œil bleu de la sainte espérance,
L'honneur, le droit, l'autel où l'on prie à genoux,
Cette Lorraine et cette Alsace, c'est à nous !
Là rêva Gutenberg, là se dressa Lothaire ;
Ce ciel est notre azur, ce champ est notre terre[1] !

. . . .

*
* *

O le rêve insensé que font ces misérables !
De qui parlez-vous là ? Des rois. — Jours exécrables !
Jours que de noirs essaims d'Euménides suivront !
Terre et cieux ! que mon nom, synonyme d'affront,
Soit maudit, que ma main se sèche et se flétrisse
Si jamais se taisait ma voix accusatrice !
Temps hideux ! voilà donc comment ces meurtriers,
Eclaboussés de sang du casque aux étriers,
Ivres d'orgueil, de bruit, de clairons, de bannières,
Traitent les nations, leurs pâles prisonnières !
César brille, une flamme affreuse l'empourprant.
On coupe par morceaux les peuples. On en prend
Ce qu'on veut, ce qui plaît, le bras, le cœur, la tête.
On est un tas d'oiseaux de proie et de tempête.
Comme jadis Xerxès contre Léonidas,
On pousse la marée horrible des soldats,
On gonfle le flot noir des légions sinistres ;
On est les dieux ayant les démons pour ministres ;
Et quand on a commis tous ces crimes, on va
Remercier ce spectre idiot, Jéhovah !
Puis on chante et l'on rit, sans voir que cette fête
Où manque le vrai Dieu déplaît au vrai prophète,
Et que le justicier, Juvénal, d'Aubigné,
Tacite, est là qui rêve et regarde indigné.

1. *Les Quatre Vents de l'esprit.* — Le Livre satirique.

On enterre l'argent pillé, les deux provinces,
Les morts; on a la joie effroyable des princes;
On se visite, on s'offre un régiment; on est
Plus souriant que n'est épineux le genêt;
On traîne aux bals charmants ses royales paresses,
Et l'on se fait de tigre à tigre des caresses.
Quant au sang, laissez-le couler, c'est un torrent.
Et cependant on a des sophistes, dorant
Ces gloires, ces traités haineux, cette infamie.
Une belle captive est une belle amie,
Pourvu qu'elle comprenne et se calme; fermons
L'antre des vents soufflant sur les mers et les monts;
Que du drame sanglant sorte l'idylle agreste;
Paix! quand on a tout pris, on peut laisser le reste.
Bonheur! concorde! Plus de courroux! Plus d'effroi!
Et l'on dit à la France : Allons, apaise-toi,
C'est fini, France. — Eh quoi, de ma mémoire amère,
J'effacerai Strasbourg et Metz! dit cette mère;
Ah! j'oublierais plutôt mes deux seins arrachés!

Non, nous n'oublierons pas! Hors ce que vous cherchez,
Le butin, puis la paix dans la forêt déserte,
Ce que vous attendez, vous ne l'aurez pas, certe;
Mais ce que vous aurez, vous ne l'attendez pas :
C'est le gouffre. Avancez dans l'ombre pas à pas,
Allez, marchez. Toujours derrière la victoire
L'avenir, livre obscur, réserve pour l'histoire
Un feuillet, noir ou blanc, qu'on nomme le revers.
Les naufrages profonds devant vous sont ouverts,
Allez, hommes de nuit. Ah! vous êtes superbes,
Vous régnez; ô faucheurs, vous pliez sous vos gerbes
De cadavres, de fleurs, de cyprès, de lauriers,
Conquérants dont seraient jaloux les usuriers!
Mais vous comptez en vain, voleurs de ma Lorraine,
Sur mon peu de mémoire et sur mon peu de haine.
Je suis un, je suis Tous, et ce que je vous dis,
Tous les cœurs furieux vous le disent, bandits!

Non, nous n'oublierons pas! Lorraine, Alsace, ô villes,
O chers Français, pays sacrés, soyez tranquilles,
Nous ne tarderons point. Le glaive est prêt déjà
Que Judith pâle au flanc d'Holopherne plongea.
Eternel souvenir! Guerre! guerre! revanche!
. . . .
Oui, nous sommes tombés et vaincus, et le Xanthe
Frémissant ne vit pas Ilion plus gisante!
Oui, nous sommes à terre, à bas, brisés, battus;
Oui, mais quatre-vingt-douze et ses sombres vertus
Croissent dans nos enfants, et notre ciel se dore
De ce vieil astre, éclos dans cette jeune aurore;
Leurs fraîches voix sont là chantant les grands défis;
Nous voyons nos aïeux renaître dans nos fils.
Oui, vous l'emportez; mais nul ne trompe et n'évite
L'œil invisible; et, bien qu'un larron marche vite,
Le châtiment boiteux le suit et le rejoint;
Mais mon pays n'est pas assez mort pour ne point
Entendre votre éclat de rire dans sa tombe,
Et cela te réveille, ô France, ô ma colombe,
O ma douce patrie, ô grand aigle effrayant;
Oui, vous croyez que tout finit en balayant;
Mais l'étoile survit quand le navire sombre;
Mais, quand l'assassiné saigne dans le bois sombre,
Une blême lueur sort du cadavre nu;
Mais le destin pensif s'est toujours souvenu
De la nécessité de punir les coupables;
Mais l'invincible essaim des choses impalpables
Qu'on nomme vérité, devoir, progrès, raison,
Vient vers nous et remplit de rumeur l'horizon;
Mais nous sommes aidés par toute l'âme humaine;
Mais le monde a besoin d'un flambeau qui le mène,
Et vous vous appelez Ténèbres; mais le jour,
Le saint travail, la paix, la liberté, l'amour,
Tout cela conduit l'homme et tient dans le mot France!
Oui, nous sommes le deuil, la chute, la souffrance,
Nul peuple de si bas encor n'est revenu;

Mais nous avons pour nous ce quelqu'un d'inconnu
Dont on voit par moments passer l'ombre sublime
Par-dessus la muraille énorme de l'abîme[1]!

LA LIBÉRATION DU TERRITOIRE

Je ne me trouve pas délivré. Non, j'ai beau
Me dresser, je me heurte au plafond du tombeau,
J'étouffe, j'ai sur moi l'énormité terrible.
Si quelque soupirail blanchit la nuit visible,
J'aperçois là-bas Metz, là-bas Strasbourg, là-bas
Notre honneur, et l'approche obscure des combats,
Et les beaux enfants blonds, bercés dans les chimères,
Souriants, et je songe à vous, ô pauvres mères.
Je consens, si l'on veut, à regarder; je vois
Ceux-ci rire, ceux-là chanter à pleine voix,
La moisson d'or, l'été, les fleurs, et la patrie
Sinistre, une bataille étant sa rêverie.
Avant peu l'Archer noir embouchera le cor.
Je calcule combien il faut de temps encor;
Je pense à la mêlée affreuse des épées.
Quand des frontières sont par la force usurpées,
Quand un peuple gisant se voit le flanc ouvert,
Avril peut rayonner, le bois peut être vert,
L'arbre peut être plein de nids et de bruits d'ailes;
Mais les tas de boulets, noirs dans les citadelles,
Ont l'air de faire un songe et de frémir parfois;
Mais les canons muets écoutent une voix
Leur parler bas dans l'ombre; et l'avenir tragique
Souffle à tout cet airain farouche sa logique.

Quoi! vous n'entendez pas, tandis que vous chantez,
Mes frères, le sanglot profond des deux cités!
Quoi! vous ne voyez pas, foule aisément sereine,
L'Alsace en frissonnant regarder la Lorraine!

1. *Toute la Lyre.* — La Corde d'airain.

— O sœur, on nous oublie! on est content sans nous! —
Non! nous n'oublions pas! nous sommes à genoux
Devant votre supplice, ô villes! Quoi! nous croire
Affranchis, lorsqu'on met au bagne notre gloire,
Quand on coupe à la France un pan de son manteau,
Quand l'Alsace au carcan, la Lorraine au poteau,
Pleurent, tordent leurs bras sacrés, et nous appellent,
Quand nos frais écoliers, ivres de rage, épèlent
Quatre-vingt-douze, afin d'apprendre quel éclair
Jaillit du cœur de Hoche et du front de Kléber,
Et de quelle façon, dans ce siècle où nous sommes,
On fait la guerre aux rois d'où sort la paix des hommes!
Non, remparts, non, clochers superbes, non jamais
Je n'oublierai Strasbourg et je n'oublierai Metz.
L'horrible aigle des nuits nous étreint dans ses serres,
Villes! nous ne pouvons, nous Francais, nous vos frères,
Nous qui vivons par vous, nous par qui vous vivrez,
Etre que par Strasbourg et par Metz délivrés!
Toute autre délivrance est un leurre; et la honte,
Tache qui croît sans cesse, ombre qui toujours monte,
Reste au front rougissant de notre histoire en deuil,
Peuple, et nous avons tous un pied dans le cercueil,
Et pas une cité n'est entière, et j'estime
Que Verdun est aux fers, que Belfort est victime,
Et que Paris se traîne, humble, amoindri, plaintif,
Tant que Strasbourg est pris et que Metz est captif.
Rien ne nous fait le cœur plus rude et plus sauvage
Que de voir cette voûte infâme, l'esclavage,
S'étendre et remplacer au-dessus de nos yeux
Le soleil, les oiseaux chantants, les vastes cieux!
Non, je ne suis pas libre. O tremblement de terre!
J'entrevois sur ma tête un nuage, un cratère,
Et l'âpre éruption des peuples, fleuve ardent;
Je râle sous le poids de l'avenir grondant,
J'écoute bouillonner la lave sous-marine,
Et je me sens toujours l'Etna sur la poitrine!

Et puisque vous voulez que je vous dise tout,
Je dis qu'on n'est point grand tant qu'on n'est pas debout
Et qu'on n'est pas debout tant qu'on traîne une chaîne;
J'envie aux vieux Romains leurs couronnes de chêne;
La beauté du malheur farouche, c'est d'avoir
Une fraternité sombre avec le devoir;
Le devoir aujourd'hui, c'est de se laisser croître
Sans bruit, et d'enfermer, comme une vierge au cloître,
Sa haine, et de nourrir les noirs ressentiments.
A quoi bon étaler déjà nos régiments?

Car il faut, lorsqu'on voit des soldats de la France,
Qu'on dise : — C'est la gloire et c'est la délivrance!
C'est Jemmapes, l'Argonne, Ulm, Iéna, Fleurus!
C'est un tas de lauriers au soleil apparus!
Regardez. Ils ont fait les choses impossibles.
Ce sont les bienfaisants, ce sont les invincibles.
Ils ont pour murs les monts et le Rhin pour fossé.
En les voyant, il faut qu'on dise : — Ils ont chassé
Les rois du nord, les rois du sud, les rois de l'ombre;
Cette armée est le roc vainqueur des flots sans nombre,
Et leur nom resplendit du zénith au nadir ! —
Il faut que les tyrans tremblent, loin d'applaudir.
Il faut qu'on dise : — Ils sont les amis vénérables
Des pauvres, des damnés, des serfs, des misérables,
Les grands spoliateurs des trônes, arrachant
Sceptre, glaive et puissance à quiconque est méchant;
Ils sont les bienvenus partout où quelqu'un souffre,
Ils ont l'aile de flamme habituée au gouffre.
Ils sont l'essaim d'éclairs qui traverse la nuit.
Ils vont, même quand c'est la mort qui les conduit.
Ils sont beaux, souriants, joyeux, pleins de lumière;
Athène en serait folle et Sparte en serait fière. —
Il faut qu'on dise : — Ils sont d'accord avec les cieux!
Et que l'homme, adorant leur pas audacieux,
Croie entendre, au-dessus de ces légionnaires
Qui roulent leurs canons, Dieu rouler ses tonnerres!

C'est pourquoi j'attendrais.

                              Qu'attends-tu? — Je réponds :
J'attends l'aube ; j'attends que tous disent : — Frappons !
Levons-nous ! et donnons à Sedan pour réplique
L'Europe en liberté ! — J'attends la république !
J'attends l'emportement de tout le genre humain !
Tant qu'à ce siècle auguste on barre le chemin,
Tant que la Prusse tient prisonnière la France,
Penser est un affront, vivre est une souffrance.
Je sens, comme Isaïe insurgé pour Sion,
Gronder le profond vers de l'indignation,
Et la colère en moi n'est pas plus épuisable
Que le flot dans la mer immense et que le sable
Dans l'orageux désert remué par les vents.
Ce que j'attends? J'attends que les os soient vivants[1] !
Je suis spectre, et je rêve, et la cendre me couvre,
Et j'écoute ; et j'attends que le sépulcre s'ouvre.
J'attends que dans les cœurs il s'élève des voix,
Que sous les conquérants s'écroulent les pavois,
Et qu'à l'extrémité du malheur, du désastre,
De l'ombre et de la honte, on voie un lever d'astre !

Jusqu'à cet instant-là, gardons superbement,
O peuple, la fureur de notre abaissement,
Et que tout l'alimente et que tout l'exaspère.
Etant petit, j'ai vu quelqu'un de grand, mon père,
Je m'en souviens ; c'était un soldat, rien de plus,
Mais il avait mêlé son âme aux fiers reflux,
Aux revanches, aux cris de guerre, aux nobles fêtes,
Et l'éclair de son sabre était dans nos tempêtes.
Oh ! je ne vous veux pas dissimuler l'ennui,
A vous, fameux hier, d'être obscurs aujourd'hui,
O nos soldats, lutteurs infortunés, phalange
Qu'illumina jadis la gloire sans mélange ;

1. « Debout les morts ! » a dit le lieutenant Péricard, dans une
attaque en 1914.

L'étranger à cette heure, hélas! héros trahis,
Marche sur votre histoire et sur votre pays;
Oui, vous avez laissé ces reîtres aux mains viles
Voler nos champs, voler nos murs, voler nos villes,
Et compléter leur gloire avec nos sacs d'écus;
Oui, vous fûtes captifs, oui, vous êtes vaincus;
Vous êtes dans le puits des chutes insondables;
Mais c'est votre destin d'en sortir formidables,
Mais vous vous dresserez, mais vous vous lèverez,
Mais vous serez ainsi que la faulx dans les prés;
L'Hercule celte en vous, la hache sur l'épaule,
Revivra, vous rendrez sa frontière à la Gaule,
Vous foulerez aux pieds Fritz, Guillaume, Attila,
Schinderhanne et Bismarck, et j'attends ce jour-là!
Oui, les hommes d'Eylau vous diront : Camarades!

Et jusque-là, soyez pensifs loin des parades,
Loin des vaines rumeurs, loin des faux cliquetis,
Et regardez grandir nos fils encor petits[1].

DÉMISSION DES REPRÉSENTANTS D'ALSACE ET DE LORRAINE

Après le vote du traité de Francfort (1871), les représentants d'Alsace et de Lorraine envoyèrent à l'Assemblée leur démission.

Les journaux de Bordeaux publièrent la note qu'on va lire :

« Victor Hugo a annoncé hier jeudi, dans la réunion de la gauche radicale, qu'il proposerait à l'Assemblée la déclaration suivante :

« Les représentants de l'Alsace et des Vosges conservent tous
« indéfiniment leurs sièges à l'Assemblée. Ils seront, à chaque
« élection nouvelle, considérés comme réélus de droit. S'ils ne
« sont plus les représentants de l'Alsace et de la Lorraine, ils res-
« teront toujours les représentants de la France. »

« Le soir même, la gauche radicale eut une réunion spéciale dans la salle Sieuzac. La démission des représentants lorrains et alsaciens fut mise à l'ordre du jour. Le représentant Victor Hugo se leva et dit :

Citoyens, les représentants de l'Alsace et de la Lor-

1. *Toute la Lyre.* — La Corde d'airain.

raine, dans un mouvement de généreuse douleur, ont
donné leur démission. Nous ne devons pas l'accepter,
mais nous devrions prolonger leur mandat. Nous par-
tis, ils devraient demeurer. Pourquoi? Parce qu'ils ne
peuvent être remplacés.

A cette heure, du droit de leur héroïsme, du droit
de leur malheur, du droit, hélas! de notre lamentable
abandon qui les laisse aux mains de l'ennemi comme
rançon de la guerre, à cette heure, dis-je, l'Alsace et
la Lorraine sont France plus que la France même.

Citoyens, je suis accablé de douleur; pour me faire
parler en ce moment, il faut le suprême devoir; chers
et généreux collègues qui m'écoutez, si je parle avec
quelque désordre, excusez et comprenez mon émotion.
Je n'aurais jamais cru ce traité possible. Ma famille est
lorraine, je suis fils d'un homme qui a défendu Thion-
ville. Il y a de cela bientôt soixante ans. Il eût donné
sa vie plutôt que d'en livrer les clefs. Cette ville qui,
défendue par lui, résista à tout l'effort ennemi et resta
française, la voilà aujourd'hui prussienne. Ah! je suis
désespéré. Avant-hier, dans l'Assemblée, j'ai lutté pied
à pied pour le territoire; j'ai défendu la Lorraine et
l'Alsace; j'ai tâché de faire avec la parole ce que mon
père faisait avec l'épée. Il fut vainqueur, je suis vaincu.
Hélas! vaincus, nous le sommes tous. Nous avons tous
au plus profond du cœur la plaie de la patrie. Voici le
vaillant maire de Strasbourg qui vient d'en mourir.
Tâchons de vivre, nous. Tâchons de vivre pour voir
l'avenir, je dis plus, pour le faire. En attendant, pré-
parons-le.

Préparons-le. Comment?

Par la résistance commencée dès aujourd'hui.

N'exécutons l'affreux traité que strictement.

Ne lui accordons expressément que ce qu'il stipule.

Eh bien, le traité ne stipule pas que l'Assemblée se
retranchera les représentants de la Lorraine et de l'Al-
sace; gardons-les.

Les laisser partir, c'est signer le traité deux fois. C'est ajouter à l'abandon forcé l'abandon volontaire. Gardons-les.

Le traité n'y fait aucun obstacle. Si nous allions au delà de ce qu'exige le vainqueur, ce serait un irréparable abaissement. Nous ferions comme celui qui, sans y être contraint, mettrait en terre le deuxième genou.

Au contraire, relevons la France.

Le refus des démissions des représentants alsaciens et lorrains la relèvera.

Le traité voté est une chose basse; ce refus sera une grande chose. Effaçons l'un par l'autre.

Dans ma pensée, à laquelle certes je donnerai suite, tant que la Lorraine et l'Alsace seront séparées de la France, il faudrait garder leurs représentants, non seulement dans cette assemblée, mais dans toutes les assemblées futures.

Nous, les représentants du reste de la France, nous sommes transitoires; eux seuls sont nécessaires.

La France peut se passer de nous, et pas d'eux. A nous, elle peut donner des successeurs; à eux, non.

Son vote en Alsace et en Lorraine est paralysé.

Momentanément, je l'affirme; mais, en attendant, gardons les représentants alsaciens et lorrains.

La Lorraine et l'Alsace sont prisonnières de guerre. Conservons leurs représentants. Conservons-les indéfiniment, jusqu'au jour de la délivrance des deux provinces, jusqu'au jour de la résurrection de la France. Donnons au malheur héroïque un privilège. Que ces représentants aient l'exception de la perpétuité, puisque leurs nobles pays ont l'exception de l'asservissement.

J'avais d'abord eu l'idée de condenser tout ce que je viens de vous dire dans le projet de décret que voici :

DÉCRET

Article unique. — « Les représentants actuels de l'Alsace et de la Lorraine gardent leurs sièges dans l'Assemblée, et continueront de siéger dans les futures assemblées nationales de France jusqu'au jour où ils pourront rendre à leurs commettants leur mandat dans les conditions où ils l'ont reçu. »

Ce décret exprimerait le vrai absolu de la situation. Il est la négation implicite du traité, négation qui est dans tous les cœurs de ceux qui l'ont voté. Ce décret ferait sortir cette négation du sous-entendu, et profiterait d'une lacune du traité pour infirmer le traité, sans qu'on puisse l'accuser de l'enfreindre. Il conviendrait, je le crois, à toutes nos consciences. Le traité pour nous n'existe pas. Il est de force; voilà tout. Nous le répudions. Les hommes de la république ont pour devoir étroit de ne jamais accepter le fait qu'après l'avoir confronté avec le droit. Quand le fait se superpose au principe, nous l'admettons. Sinon, nous le refusons. Or le traité prussien viole tous les principes. C'est pourquoi nous avons voté contre. Et nous agirons contre. La Prusse nous rend cette justice qu'elle n'en doute pas.

Faut-il, devant la démission des représentants de l'Alsace et de la Lorraine, se taire et s'abstenir absolument?

Non.

Que faire donc?

Selon moi, ceci :

Inviter les représentants de l'Alsace et de la Lorraine à garder leurs sièges. Les y inviter solennellement par une déclaration motivée que nous signerons tous, nous qui avons voté contre le traité, nous qui ne reconnaissons pas le droit de la force. Un de nous, moi si vous voulez, lira cette déclaration à la tribune. Cela fait, nos consciences seront tranquilles, l'avenir sera réservé.

Citoyens, gardons-les, ces collègues. Gardons-les, ces compatriotes.

Qu'ils nous restent.

Qu'ils soient parmi nous, ces vaillants hommes, la

protestation et l'avertissement; protestation contre la
Prusse, avertissement à l'Europe. Qu'ils soient le dra-
peau d'Alsace et de Lorraine toujours levé. Que leur
présence parmi nous encourage et console, que leur
parole conseille, que leur silence même parle. Les voir
là, ce sera voir l'avenir. Qu'ils empêchent l'oubli. Au
milieu des idées générales qui embrassent l'intérêt de
la civilisation, et qui sont nécessaires à une assemblée
française, toujours un peu tutrice de tous les peuples,
qu'ils personnifient, eux, l'idée étroite, haute et terri-
ble, la revendication spéciale, le devoir vis-à-vis de la
mère. Tandis que nous représenterons l'humanité,
qu'ils représentent la patrie. Que chez nous ils soient
chez eux. Qu'ils soient le tison sacré, rallumé toujours.
Que, par eux, les deux provinces étouffées sous la
Prusse continuent de respirer l'air de France; qu'ils
soient les conducteurs de l'idée française au cœur de
l'Alsace et de la Lorraine et de l'idée alsacienne et lor-
raine au cœur de la France; que, grâce à leur perma-
nence, la France, mutilée de fait, demeure entière de
droit, et soit, dans sa totalité, visible dans l'Assemblée;
que si, en regardant là-bas, du côté de l'Allemagne, on
voit la Lorraine et l'Alsace mortes, en regardant ici, on
les voie vivantes!

La réunion, à l'unanimité a accepté la proposition du représen-
tant Victor Hugo, et lui a demandé de rédiger la déclaration qui
devra être signée de tous et lue par lui-même à la tribune.

M. Victor Hugo a immédiatement rédigé cette déclaration, qui
a été acceptée par la réunion de la gauche, mais à laquelle il n'a
pu être donné la publicité de la tribune, par suite de la séance du
8 mars et de la démission de M. Victor Hugo.

En voici le texte :

DÉCLARATION

En présence de la démission que les représentants
alsaciens et lorrains ont offerte, mais que l'Assemblée
n'a acceptée par aucun vote,

Les représentants soussignés déclarent qu'à leurs

yeux l'Alsace et la Lorraine ne cessent pas et ne cesseront jamais de faire partie de la France.

Ces provinces sont profondément françaises. L'âme de la France reste avec elles.

L'Assemblée nationale ne serait plus l'Assemblée de la France si ces deux provinces n'y étaient pas représentées.

Que désormais, et jusqu'à des jours meilleurs, il y ait sur la carte de France un vide, c'est là la violence que nous fait le traité. Mais pourquoi un vide dans cette Assemblée?

Le traité exige-t-il que les représentants alsaciens et lorrains disparaissent de l'Assemblée française?

Non.

Pourquoi donc aller plus loin que le traité? Pourquoi faire ce qu'il n'impose pas? Pourquoi lui donner ce qu'il ne demande pas?

Que la Prusse prenne les territoires. Que la France garde les représentants.

Que leur présence dans l'Assemblée nationale de France soit la protestation vivante et permanente de la justice contre l'iniquité, du malheur contre la force, du droit vrai de la patrie contre le droit faux de la victoire.

Que les Alsaciens et les Lorrains, élus par leurs départements, restent dans l'Assemblée française et qu'ils y personnifient, non le passé, mais l'avenir.

Le mandat est un dépôt. C'est au mandant lui-même que le mandataire est tenu de rapporter son mandat. Aujourd'hui, dans la situation faite à l'Alsace et à la Lorraine, le mandant est prisonnier, mais le mandataire est libre. Le devoir du mandataire est de garder à la fois sa liberté et son mandat.

Et cela jusqu'au jour où, ayant coopéré avec nous à l'œuvre libératrice, il pourra rendre à ceux qui l'ont élu le mandat qu'il leur doit et la patrie que nous leur devons.

Les représentants alsaciens et lorrains des départe-
ments cédés sont aujourd'hui dans une exception qu'il
importe de signaler. Tous les représentants du reste de
la France peuvent être réélus ou remplacés; eux seuls ne
le peuvent pas. Leurs électeurs sont frappés d'interdit.

En ce moment, et sans que le traité puisse l'empê-
cher, l'Alsace et la Lorraine sont représentées dans
l'Assemblée nationale de France. Il dépend de l'Assem-
blée nationale de continuer cette représentation. Cette
continuation du mandat, nous devons la déclarer. Elle
est de droit. Elle est de devoir.

Il ne faut pas que les sièges de la représentation
alsacienne et lorraine, actuellement occupés, soient
vides et restent vides par notre volonté. Pour toutes les
populations de France, le droit d'être représentées est
un droit absolu; pour la Lorraine et pour l'Alsace,
c'est un droit sacré.

Puisque la Lorraine et l'Alsace ne peuvent désormais
nommer d'autres représentants, ceux-ci doivent être
maintenus. Ils doivent être maintenus indéfiniment,
dans les assemblées nationales qui se succéderont,
jusqu'au jour, prochain nous l'espérons, où la France
reprendra possession de la Lorraine et de l'Alsace, et
où cette moitié de notre cœur nous sera rendue.

En résumé :

Si nous souffrons que nos honorables collègues alsa-
ciens et lorrains se retirent, nous aggravons le traité.

La France va dans la concession plus loin que la
Prusse dans l'extorsion. Nous offrons ce qu'on n'exige
pas. Il importe que dans l'exécution forcée du traité
rien de notre part ne ressemble à un consentement.
Subir sans consentir est la dignité du vaincu.

Pour tous ces motifs, sans préjuger les résolutions
ultérieures que pourra leur commander leur cons-
cience;

croyant nécessaire de réserver les questions qui vien-
nent d'être indiquées;

les représentants soussignés invitent leurs collègues de l'Alsace et de la Lorraine à reprendre et à garder leurs sièges dans l'Assemblée[1].

Le Rhin.

Wacht am Rhein.

A un moment donné, la civilisation, ayant pour verbe la révolution, doit mettre le holà. Je désire le Rhin pour la France, parce qu'il faut faire, matériellement comme intellectuellement, le groupe français le plus compact possible, afin qu'il résiste, dans le parlement des Etats-Unis d'Europe, au groupe allemand, et qu'il impose la langue française à la fédération européenne.

Les Etats-Unis d'Europe parlant allemand, ce serait un retard de trois cents ans. Un retard, c'est-à-dire un recul[2].

Au traité de Vienne (1815), l'Angleterre et la Russie, peu rassurées par la chute de l'empereur, motif momentané de rupture, créèrent entre l'Allemagne et la France un motif permanent de haine.

Elles prirent à la France et donnèrent à l'Allemagne la rive gauche du Rhin.

Ceci était d'une politique profonde.

C'était entamer le grand Etat méridional du Rhin, ébauché par Charlemagne, construit par Louis XIV, complété et restauré par Napoléon. C'était affaiblir l'Europe centrale, lui créer facticement une sorte de maladie chronique, et la tuer peut-être, avec le temps, en lui mettant près du cœur un ulcère toujours douloureux, toujours gangrené. C'était faire brèche à la France, à la vraie France, qui est rhénane comme elle est méditerranéenne; *Francia rhenana,* disent les vieilles chartes carlovingiennes. C'était poster une

1. *Depuis l'Exil.* — Bordeaux.
2. *Correspondance,* 1869-1882.

avant-garde étrangère à cinq journées de Paris, c'était surtout irriter à jamais la France contre l'Allemagne.

Cette politique profonde, qu'on reconnaît dans la conception d'une pareille pensée, se retrouve dans l'exécution.

Donner la rive gauche du Rhin à l'Allemagne, c'était une idée. L'avoir donnée à la Prusse, c'est un chef-d'œuvre.

Chef-d'œuvre de haine, de ruse, de discorde et de calamité; mais chef-d'œuvre. La politique en a comme cela.

Brouiller la France avec l'Allemagne, c'était quelque chose; brouiller la France avec la Prusse, c'était tout.

Redisons-le, l'installation de la Prusse dans les provinces rhénanes a été le fait capital du congrès de Vienne. Ce fut la grande adresse de lord Castlereagh et la grande faute de M. de Talleyrand.

Cette politique a créé un motif permanent d'animosité entre les deux nations centrales.

Ce motif d'animosité, c'est le don de la rive gauche du Rhin à l'Allemagne. Or cette rive gauche appartient naturellement à la France.

Pour que la proie fût bien gardée, on l'a donnée au plus jeune et au plus fort des peuples allemands, à la Prusse.

Le congrès de Vienne a posé des frontières sur les nations comme des harnais de hasard et de fantaisie, sans même les ajuster. Celui qu'on a mis alors à la France accablée, épuisée et vaincue est une chemise de gêne et de force; il est trop étroit pour elle. Il la gêne et la fait saigner.

Grâce à la politique de Londres et de Saint-Pétersbourg, nous sentons l'ardillon de l'Allemagne dans la plaie de la France.

Une sape profonde est creusée. Un grand incendie couve peut-être dans les ténèbres.

Or qui pourrait dire ce que deviendrait l'Europe

dans cet embrasement, pleine comme elle est d'esprits, de têtes et de nations combustibles?

La civilisation périrait.

Elle ne peut périr. Il faut donc que les nations centrales s'entendent.

Voici la solution : abolir tout motif de haine entre les deux peuples; fermer la plaie faite à notre flanc en 1815; effacer les traces d'une réaction violente; rendre à la France ce que Dieu lui a donné, la rive gauche du Rhin.

Dans un temps donné, la France aura sa part du Rhin et ses frontières naturelles.

Cette solution constituera l'Europe, sauvera la sociabilité humaine et fondera la paix définitive.

Tous les peuples y gagneront.

Tel est, selon nous, pour le continent entier, l'inévitable avenir, déjà visible et distinct dans le crépuscule des choses futures[1].

La Pologne.

> Un jour les peuples unis d'Europe diront à la Pologne : « Lève-toi! et c'est de ce tombeau que sortira sa grande âme. » (*Lettres de l'Exil. — Correspondance.*)

Seule au pied de la tour d'où sort la voix du maître
Dont l'ombre à tout moment au seuil vient apparaître,
Prête à voir en bourreau se changer ton époux,
Pâle et sur le pavé tombée à deux genoux,
Triste Pologne! hélas! te voilà donc liée,
Et vaincue, et déjà pour la tombe pliée!
Hélas! tes blanches mains, à défaut de tes fils,
Pressent sur ta poitrine un sanglant crucifix.
Les baskirs ont marché sur ta robe royale
Où sont encore empreints les clous de leur sandale.
Par instant une voix gronde, on entend le bruit

1. *Le Rhin.* — Conclusion.

D'un pas lourd, et l'on voit un sabre qui reluit;
Et toi, serrée au mur qui sous tes pleurs ruisselle,
Levant tes bras meurtris et ton front qui chancelle
Et tes yeux que déjà la mort semble ternir,
Tu dis : France, ma sœur ! ne vois-tu rien venir[1]?

*
* *

Deux nations entre toutes, depuis quatre siècles, ont
joué dans la civilisation européenne un rôle désinté-
ressé; ces deux nations sont la France et la Pologne :
la France dissipait les ténèbres, la Pologne repoussait
la barbarie; la France répandait les idées, la Pologne
couvrait la frontière. Le peuple français a été le mis-
sionnaire de la civilisation en Europe, le peuple polo-
nais en a été le chevalier.

Si le peuple polonais n'avait pas accompli son œuvre,
le peuple français n'aurait pas pu accomplir la sienne.
A un certain jour, à une certaine heure, devant une
invasion formidable de la barbarie, la Pologne a eu
Sobieski comme la Grèce avait eu Léonidas.

Ce sont là des faits qui ne peuvent s'effacer de la
mémoire des nations. Quand un peuple a travaillé pour
les autres peuples, il est comme un homme qui a tra-
vaillé pour les autres hommes, la reconnaissance de
tous l'entoure, la sympathie de tous lui est acquise, il
est glorifié dans sa puissance, il est respecté dans son
malheur, et si, par la dureté des temps, ce peuple, qui
n'a jamais eu l'égoïsme pour loi, qui n'a jamais con-
sulté que sa générosité, que les nobles et puissants
instincts qui le portaient à défendre la civilisation, si
ce peuple devient un petit peuple, il reste une grande
nation.

C'est là la destinée de la Pologne. Mais la Pologne
est grande encore; elle est grande dans les sympathies
de la France; elle est grande dans les respects de l'Eu-

1. Septembre 1835. *Les Chants du Crépuscule.*

rope. Pourquoi? C'est qu'elle a servi la communauté européenne; c'est qu'à certains jours elle a rendu à toute l'Europe de ces services qui ne s'oublient pas.

Aussi, lorsque cette nation a été rayée du nombre des nations, un sentiment douloureux, un sentiment de profond respect s'est manifesté dans l'Europe entière.

En 1773, la Pologne est condamnée; et personne ne pourrait dire que ce fait soit accompli. Ce grave fait de la radiation d'un peuple, non ce n'est point un fait accompli! Avoir démembré la Pologne, c'était le remords de Frédéric II; n'avoir pas relevé la Pologne, c'était le regret de Napoléon[1].

Aujourd'hui, tout au travers de cet amas énorme de contrats exécrables qui constituent ce que les chancelleries appellent le droit public actuel de l'Europe, au milieu de ces brocantages de territoires, de ces achats de peuples, de ces ventes de nations, au milieu de ce tas odieux de parchemins scellés de tous les sceaux impériaux et royaux qui a pour première page le traité de partage de 1772 et pour dernière page le traité de partage de 1815, on voit un trou, un trou profond, terrible, menaçant, une plaie béante qui perce la liasse de part en part. Et ce trou, qui l'a fait? le sabre de la Pologne. En combien de coups? en un seul. En quel jour? le 29 novembre 1830.

Le 29 novembre 1830, la Pologne a senti que le moment était venu d'empêcher la prescription de sa nationalité, et ce jour-là, elle a donné ce coup de sabre effrayant.

Depuis, ce sabre a été brisé. *L'ordre*, on a dit ce mot hideux, *l'ordre a régné à Varsovie!* Ce peuple, qui était un héros, est redevenu un esclave et a repris sa souquenille de galérien. Des princes dignes du bagne ont remis à la chaîne ce forçat digne de l'auréole.

O Polonais, vous avez presque le droit de vous tour-

1. *Avant l'Exil. — Discours sur la Pologne à la Chambre des Pairs,* 19 mars 1846.

ner vers nous, fils de l'Europe, avec amertume. Mon
cœur se serre en songeant à vous. Le traité de 1772,
perpétré et commis à la face de la France, en pleine
lumière de la philosophie et de la civilisation, dans ce
plein midi que Voltaire et Rousseau faisaient sur le
monde, le traité de 1772 est la grande tache du dix-hui-
tième siècle comme le 2 décembre est la grande honte
du dix-neuvième. Pendant toute une longue période
historique, depuis les premières années de Henri II
jusqu'aux dernières années de Louis XIV, la Pologne
a couvert le continent, périodiquement épouvanté par la
crue formidable des Turcs. L'Europe a vécu, a grandi,
a pensé, s'est développée, a été heureuse, est devenue
Europe derrière ce boulevard.

Quelle a été la récompense? Un beau jour, l'Europe,
que la Pologne avait sauvée de la Turquie, a livré la
Pologne à la Russie. Et, aveuglement qui est un châ-
timent! en commettant un crime. l'Europe ne s'est pas
aperçue qu'elle faisait une sottise. La situation conti-
nentale avait changé; la menace ne venait plus du même
côté. Le dix-huitième siècle, préparation en toute chose
du dix-neuvième, est marqué par la décroissance du
sultan et par la croissance du czar. L'Europe ne s'était
pas rendu compte de ce phénomène. Pierre Ier, et son
rude précepteur Charles XII, avaient changé la Mosco-
vie en Russie. Dans la seconde moitie du dix-huitième
siècle, la Turquie s'en allait, la Russie arrivait. La
gueule ouverte désormais, ce n'était plus la Turquie,
c'était la Russie. Le rugissement sourd qu'on entendait
ne venait plus de Stamboul, il venait de Pétersbourg.
Le péril s'était déplacé, mais la Pologne était restée.
Chose frappante, elle était providentiellement placée
aussi bien pour résister aux Russes que pour repousser
les Turcs. Cette situation étant donnée, en 1772, qu'a
fait l'Europe? La Pologne était la sentinelle. L'Europe
l'a livrée. A qui? à l'ennemi.

Et qui a fait cette chose sans nom? les diplomates,

les cervelles politiques du temps, les hommes d'Etat de profession. Or, ce n'est pas seulement ingrat, c'est inepte. Ce n'est pas seulement infâme, c'est bête.

Aujourd'hui, l'Europe porte la peine du crime.

O Polonais, je vous le dis du fond de l'âme, je vous admire. Vous êtes les aînés de la persécution. Cette coupe d'amertume où nous buvons aujourd'hui, nous y trouvons la trace de vos lèvres.

Nous saluons ton histoire, peuple polonais, bon peuple! Lève la tête dans ton accablement. Tu es grand, gisant sur le fumier russe. O Job des nations, tes plaies sont des gloires[1].

1. *Pendant l'Exil. — Banquet Polonais, 1852.*

CHAPITRE VIII

AVANT LA VICTOIRE

La Révolution, couverte de plaies, mais vivante, bâillonnée, mais terrible, se dresse derrière eux, l'œil fixé sur vous, peuples, et agite dans ses deux mains sanglantes au-dessus de leurs têtes des poignées de haillons arrachés aux linceuls des morts. (*Pendant l'Exil*, 1854.)

Debout, peuples, pour la liberté.

Quand tout un continent tremble au souffle électrique,
Quand de la triste Europe ou de l'âpre Amérique
    On voit l'étincelle jaillir,
Que l'humanité crie en son angoisse amère
Et qu'on entend, pareille au ventre de la mère,
    La sombre terre tressaillir,

Sachez, blêmes passants dont je vois la figure,
Que l'aigle Poésie à la vaste envergure
    Craint peu cette convulsion ;
Il n'est jamais plus fier qu'au choc des catastrophes,
Alors qu'il fait couler l'avalanche des strophes
    Du vieux mont Révolution.

Il couve les Jean Huss comme il couve les Dantes.
Sachez que dans la trombe et sur les mers grondantes
    Ce grand oiseau toujours plana
Et qu'il irait, sans même en sentir les secousses,
Faire son nid et tordre avec son bec des mousses
    Dans le cratère de l'Etna.

Calme, il prend l'ouragan dans sa serre et le dompte;
Il est l'esprit humain; il vole, il plane, il monte
　　Dans la foudre et dans la clarté,
Etendant tour à tour sur l'énorme fournaise
L'aile quatre-vingt-neuf, l'aile quatre-vingt-treize,
　　Immense dans l'immensité[1].

＊
＊　＊

Toutes les histoires sont l'histoire du passé, l'histoire
de la Révolution est l'histoire de l'avenir. La Révolu-
tion a conquis en avant, elle a découvert et annoncé
le grand Chanaan de l'humanité; il y a dans ce qu'elle
nous a apporté encore plus de terre promise que de ter-
rain gagné, et à mesure qu'une de ces conquêtes faites
d'avance entrera dans le domaine humain, à mesure
qu'une de ces promesses se réalisera, un nouvel aspect
de la Révolution se révélera, et son histoire sera renou-
velée. Les histoires actuelles n'en seront pas moins
définitives, chacune à son point de vue; les historiens
contemporains domineront même l'historien futur,
comme Moïse domine Cuvier, mais leurs travaux se
mettront en perspective et feront partie de l'ensemble
complet. Quand cet ensemble sera-t-il complet ? Quand
le phénomène sera terminé, c'est-à-dire quand la révo-
lution de France sera devenue d'abord révolution d'Eu-
rope, puis révolution de l'homme; quand l'utopie se
sera consolidée en progrès, quand l'ébauche aura abouti
au chef-d'œuvre; quand à la coalition fratricide des
rois aura succédé la *fédération* fraternelle des peuples,
et à la guerre contre tous, la paix pour tous[2].

...O peuples, au-dessus des combinaisons, des intri-
gues et des ententes, au-dessus des diplomaties, au-
dessus des guerres, au-dessus de toutes les questions,
question turque, question grecque, question russe, au-

1. *Toute la Lyre.* — *L'Art.*
2. *Avant l'Exil.* — *Le Droit et la Loi.*

dessus de tout ce que les monarchies font ou rêvent, planent les crimes.

Ne laissons pas prescrire la protestation vengeresse; ne nous laissons pas distraire du but formidable. C'est toujours l'heure de dire : Néron est là ! On prétend que les générations oublient. Eh bien, pour la sainteté même du droit, pour l'honneur même de la conscience humaine, les victimes nous le demandent, les martyrs nous le crient du fond de leurs tombeaux, ravivons les souvenirs, et faisons de toutes les mémoires des ulcères.

O peuples, le lugubre et menaçant acte d'accusation, non! ne nous lassons jamais de le redire[1]!

La liberté, c'est là aujourd'hui l'immense soif des consciences. La liberté étant le mode vital de la pensée, toute âme veut la liberté comme toute prunelle veut la lumière.

Tous les deux ou trois mille ans, le progrès a besoin d'une secousse; l'alanguissement humain le gagne, et un *quid divinum* est nécessaire. Il lui faut une nouvelle impulsion presque initiale. Dans l'histoire, telle que la courte mémoire des peuples nous la donne, la réaction chantée par Homère, de l'Europe sur l'Asie, a été la première secousse, le christianisme a été la seconde, la révolution française est la troisième.

Toute révolution a un caractère double, et c'est à cela qu'on la reconnaît; c'est une formation sous une élimination.

On ne peut vouloir l'une sans vouloir l'autre, cette double acceptation caractérise le révolutionnaire.

Les révolutions ne créent point, elles sont des explosions de calorique latent, pas autre chose. Elles mettent hors de l'homme le fait éternel et intérieur dont la sortie est devenue nécessaire. C'est pour l'humanité une question d'âge. Ce fait, elles le dégagent; on le croit nouveau parce qu'on le voit; auparavant on le sentait.

1. *Pendant l'Exil,* 1854.

S'il était nouveau, il serait injuste; il ne peut y avoir rien de nouveau dans le droit. L'élément qui apparaît et se révèle principe, telle est l'éclosion magnifique des révolutions; le droit occulte devient droit public; il passe de l'état confus à l'état précis; il couvait, il éclate; il était sentiment, il devient évidence. Cette simplicité sublime est propre aux actes de souveraineté du progrès.

Les deux dernières grandes secousses du progrès ont mis en lumière et dressé à jamais au-dessus des sociétés modifiables les deux grands faits de l'homme : le christianisme a dégagé l'égalité; la révolution française a dégagé la liberté.

Là où ces deux faits manquent, la vie n'est pas.

Etre tous frères, être tous libres, c'est vivre; ce sont les deux mouvements de poumons de la civilisation.

Egalité, liberté, aspiration et respiration du genre humain[1].

*
* *

Ce que fait l'histoire est bien fait. Dix-huit siècles de monarchie finissent par créer une force des choses et, à un moment donné, cette force des choses abat l'oppression, détrône l'usurpation, et relève cet immense vaincu, le peuple. Elle fait plus que le relever, elle le couronne. C'est ce couronnement du peuple qu'on appelle la république. La souveraineté légitime est aujourd'hui fondée. Au sacre d'un homme, fait par un prêtre, Dieu, l'éternel juste, a substitué le sacre d'une nation, fait par le droit[2].

Que partout la date future substitue le droit humain au droit divin! qu'elle crie aux nationalités : debout! Debout, Pologne! debout, Allemagne! debout, peuples, pour la liberté! Qu'elle embouche le clairon du réveil! qu'elle annonce le lever du jour! que, dans cette halte

1. *Pendant l'Exil,* 1866. — *La Liberté.*
2. *Depuis l'Exil.* — *L'exposition de Philadelphie.*

nocturne où gisent les nations engourdies par je ne sais quel lugubre sommeil, elle sonne la diane des peuples!

Ah! l'instant s'avance! dès que les chocs décisifs auront lieu, quand la *grande guerre* commencera, vous verrez la révolution luire. C'est à la révolution qu'il est réservé de frapper les rois du continent. L'empire est le fourreau, la république est l'épée.

Donc, acclamons la date future! acclamons la révolution prochaine! souhaitons la bienvenue à cet ami mystérieux qui s'appelle demain!

Que la date future soit splendide! que la prochaine révolution soit invincible! qu'elle fonde les Etats-Unis d'Europe!

Qu'elle ouvre à deux battants l'avenir, mais qu'elle ferme à jamais l'abominable porte du passé! que de toutes les chaînes des peuples elle forge à cette porte un verrou! et que ce verrou soit énorme comme a été la tyrannie!

Qu'elle relève et place sur l'autel le sublime trépied Liberté-Egalité-Fraternité, mais que sur ce trépied elle allume, de façon à en éclairer toute la terre, la grande flamme Humanité!

Qu'elle en éblouisse les penseurs, qu'elle en aveugle les despotes!

Qu'elle renverse l'échafaud politique, mais qu'elle renverse aussi l'échafaud social! Ne l'oublions pas, c'est sur la tête du prolétaire que l'échafaud social suspend son couperet. Pas de pain dans la famille, pas de lumière dans le cerveau; de là la faute, de là la chute, de là le crime.

Un soir, à la nuit tombante, je me suis approché d'une guillotine qui venait de travailler dans la place de Grève. Deux poteaux soutenaient le couperet encore fumant. J'ai demandé au premier poteau : Comment t'appelles-tu? il m'a répondu : Misère. J'ai demandé au deuxième poteau : Comment t'appelles-tu? Il m'a répondu : Ignorance.

Que la révolution prochaine, que la date future, arrache ces poteaux et brise cet échafaud!

Qu'elle confirme le droit de l'homme, mais qu'elle proclame le droit de la femme et qu'elle décrète le droit de l'enfant; c'est-à-dire l'égalité pour l'une et l'éducation pour l'autre !

Qu'elle répudie la confiscation et les violences ; qu'elle ne dépouille personne, mais qu'elle dote tout le monde! qu'elle ne soit pas faite contre les riches, mais qu'elle soit faite pour les pauvres! Oui! que, par une immense réforme économique, par le droit du travail mieux compris, par de larges institutions d'escompte et de crédit, par le chômage rendu impossible, par l'abolition des douanes et des frontières, par la circulation décuplée, par la suppression des armées permanentes, qui coûtent à l'Europe quatre milliards par an, sans compter ce que coûtent les guerres, par la complète mise en valeur du sol, par un meilleur balancement de la production et de la consommation, ces deux battements de l'artère sociale, par l'échange, source jaillissante de vie, par la révolution monétaire, levier qui peut soulever toutes les indigences, enfin, par une gigantesque création de richesses toutes nouvelles que dès à présent la science entrevoit et affirme, elle fasse du bien-être matériel, intellectuel et moral la dotation universelle !

Savez-vous, citoyens, ce qu'il faut à la civilisation, pour qu'elle devienne l'harmonie ? Des ateliers, et des ateliers! des écoles, et des écoles! L'atelier et l'école, c'est le double laboratoire d'où sort la double vie du corps et la vie de l'intelligence. Qu'il n'y ait plus de bouches affamées? Qu'il n'y ait plus de cerveaux ténébreux! Que ces deux locutions, honteuses, usuelles, presque proverbiales, que nous avons tous prononcées plus d'une fois dans notre vie : — *cet homme n'a pas de quoi manger; cet homme ne sait pas lire;* — que ces deux locutions, qui sont comme les deux lueurs de la vieille misère éternelle, disparaissent du langage humain!

Qu'enfin, la grande date future, la révolution prochaine, fasse dans tous les sens des pas en avant, mais qu'elle ne fasse point un pas en arrière! qu'elle ne se croise pas les bras avant d'avoir fini! que son dernier mot soit : suffrage universel, bien-être universel, paix universelle, lumière universelle!

Quand on nous demande : qu'entendez-vous par République Universelle? nous entendons cela. Qui en veut?

Et maintenant, amis, cette date que j'appelle, cette date qui, réunie au grand 24 février 1848 et à l'immense 22 septembre 1792, sera comme le triangle de feu de la révolution, cette troisième date, cette date suprême, quand viendra-t-elle? quelle année, quel mois, quel jour illustrera-t-elle? de quels chiffres se composera-t-elle dans la série ténébreuse des nombres? sont-ils loin ou près de nous, ces chiffres encore obscurs et destinés à une si prodigieuse lumière? Déjà, dès à présent, ils sont écrits sur une page du livre de l'avenir, mais cette page-là, le doigt de Dieu ne l'a pas encore tournée. Nous ne savons rien, nous méditons, nous attendons; tout ce que nous pouvons dire et répéter, c'est qu'il nous semble que la date libératrice approche. On ne distingue pas le chiffre, mais on voit le rayonnement.

Levons nos fronts, pour que, si les peuples demandent : — Qu'est-ce donc qui blanchit de la sorte le haut du visage de ces hommes? — on puisse répondre : — C'est la clarté de la révolution qui vient!

Levons nos fronts, et, comme nous l'avons fait si souvent dans notre confiance religieuse, saluons l'avenir!

L'avenir a plusieurs noms.

Pour les faibles, il se nomme l'impossible; pour les timides, il se nomme l'inconnu; pour les penseurs et pour les vaillants, il se nomme l'idéal[1].

1. *Pendant l'Exil*, 1854.

La paix par l'ascension du Droit.

Nous voulons la paix, nous la voulons ardemment. Nous la voulons absolument. Nous la voulons entre l'homme et l'homme, entre le peuple et le peuple, entre la race et la race, entre le frère et le frère, entre Abel et Caïn. Nous voulons l'immense apaisement des haines.

Mais cette paix, comment la voulons-nous? La voulons-nous à tout prix? La voulons-nous sans conditions? Non! nous ne voulons pas de la paix le dos courbé et le front baissé; nous ne voulons pas de la paix sous le despotisme; nous ne voulons pas de la paix sous le bâton; nous ne voulons pas de la paix sous le sceptre!

Nous voulons que le peuple vive, laboure, achète, vende, travaille, aime et pense librement, et qu'il y ait des écoles faisant des citoyens, et qu'il n'y ait plus de princes faisant des mitrailleuses. Nous voulons la grande république continentale, nous voulons les Etats-Unis d'Europe [1].

Nous avons une double mission à remplir :

Relever la France, avertir l'Europe. Oui, la cause de l'Europe, à l'heure qu'il est, est identique à la cause de la France. Il s'agit pour l'Europe de savoir si elle va redevenir féodale; il s'agit de savoir si nous allons être rejetés d'un écueil à l'autre, du régime théocratique au régime militaire.

Il y aura désormais en Europe deux nations qui seront redoutables; l'une parce qu'elle sera victorieuse, l'autre parce qu'elle sera vaincue.

Et la civilisation, remise face à face avec la barbarie, cherchera sa voie entre ces deux nations, dont l'une a été la lumière de l'Europe et dont l'autre en sera la nuit.

De fait, oui; de droit, non!

1. *Pendant l'Exil,* 1869.

La conquête est la rapine, rien de plus. Elle est un fait, soit ; le droit ne sort pas du fait. L'Alsace et la Lorraine veulent rester France ; elles resteront France malgré tout, parce que la France s'appelle république et civilisation ; et la France, de son côté, n'abandonnera rien de son devoir envers l'Alsace et la Lorraine, envers elle-même, envers le monde.

A Strasbourg, il y a deux statues, Gutenberg et Kléber. Eh bien, nous sentons en nous une voix qui s'élève, et qui jure à Gutenberg de ne pas laisser étouffer la civilisation, et qui jure à Kléber de ne pas laisser étouffer la république.

Les Anglais ont conquis la France, ils ne l'ont pas gardée ; les Prussiens investissent la France, ils ne la tiennent pas. Toute main d'étranger qui saisira ce fer rouge, la France, le lâchera. Cela tient à ce que la France est quelque chose de plus qu'un peuple. La Prusse perd sa peine ; son effort sauvage sera un effort inutile.

Se figure-t-on quelque chose de pareil à ceci : la suppression de l'avenir par le passé ? Eh bien, la suppression de la France par la Prusse, c'est le même rêve. Non ! la France ne périra pas ! Non ! sous tant d'accablement, sous tant de rapines, sous tant de blessures, sous tant d'abandons, sous cette guerre scélérate, mon pays ne succombera pas ! Non !

Oh ! une heure sonnera — nous la sentons venir — cette revanche prodigieuse. Nous entendons dès à présent notre triomphant avenir marcher à grands pas dans l'histoire. Oui, dès demain, cela va commencer ; dès demain, la France n'aura plus qu'une pensée : se recueillir, se reposer dans la rêverie redoutable du désespoir ; reprendre des forces ; élever ses enfants, nourrir de saintes colères ces petits qui deviendront grands ; forger des canons et former des citoyens, créer une armée qui soit un peuple ; appeler la science au secours de la guerre ; étudier le procédé prussien, comme Rome a étudié le procédé punique ; se fortifier, s'affermir, se régénérer, redevenir la grande France, la France de 92, la France de l'idée et la France de l'épée.

Puis, tout à coup, un jour, elle se redressera ! Oh ! elle sera formidable ; on la verra, d'un bond, ressaisir la Lorraine, ressaisir l'Alsace !

Et puis, est-ce tout ? Non... saisir Trèves, Mayence, Cologne, Coblentz, toute la rive gauche du Rhin... Et on entendra la France crier : C'est mon tour ! Allemagne, me voilà ! Suis-je ton ennemie ? Non ! je suis ta sœur. Je t'ai tout repris, et je te rends tout, à une condition : c'est que nous ne ferons plus qu'un seul peuple, qu'une seule famille, qu'une seule république. Je vais démolir mes forteresses, tu vas démolir les tiennes. Ma vengeance, c'est la fraternité ! Plus de frontières ! Le Rhin à tous ! Soyons la même république, soyons les Etats-Unis d'Europe, soyons la fédération continentale, soyons la liberté européenne, soyons la paix universelle ! Et maintenant serrons-nous la main, car nous nous sommes rendu service l'une à l'autre ; tu m'as délivrée de mon empereur, et je te délivre du tien[1].

Pas de paix jusque-là. Je le dis avec douleur, mais avec fermeté.

La France démembrée est une calamité humaine. La France n'est pas à la France, elle est au monde ; pour que la croissance humaine soit normale, il faut que la France soit entière ; une province qui manque à la France, c'est une force qui manque au progrès, c'est un organe qui manque au genre humain ; c'est pourquoi la France ne peut rien concéder de la France. Sa mutilation mutile la civilisation.

D'ailleurs il y a des fractures partout, et en ce moment vous en entendez une crier, l'Herzégovine. Hélas ! aucun sommeil n'est possible avec des plaies comme celles-ci : la Pologne, Metz et Strasbourg, et après des

1. *Depuis l'Exil. — Discours sur la guerre.*

affronts comme ceux-ci : l'empire germanique rétabli,
Paris violé par Berlin, la ville de Frédéric II insultant
la ville de Voltaire, la sainteté de la force et l'équité de
la violence proclamées, le progrès souffleté sur la joue
de la France. On ne met point la paix là-dessus. Pour
pacifier, il faut apaiser; pour apaiser, il faut satisfaire.
La fraternité n'est pas un fait de surface. La paix n'est
pas une superposition.

La paix est une résultante. On ne décrète pas plus la
paix qu'on ne décrète l'aurore; de la même façon que le
jour se fait, la paix se fait; le jour pour le lever de l'as-
tre, la paix pour l'ascension du droit[1].

*   *

Si nous nous laissions mettre aux fers par le destin,
Si, tournés vers le soir et non vers le matin,
Nous pouvions, prisonniers, continuer de vivre,
Si nous ne pleurions pas, l'âme de colère ivre,
Chacun de nous ayant sur le front la rougeur
De n'être pas celui qu'on attend, le vengeur;
Ah! si nous n'étions pas pensifs devant tout homme
Qui flétrit son bourreau, se redresse et se nomme,
Et lui prend son épée afin de le tuer,
Si nous pouvions nous taire et nous habituer
A l'opprobre, et montrer, transformation vile,
Qu'on peut être Thersite après qu'on fut Achille,
Si nous donnions raison aux rois riant entre eux,
Si nous découvrions en nous des cœurs affreux
Prêts aux consentements infâmes de la chute,
Si devant le vainqueur criant : Cessons la lutte,
Paix! et restons-en là! nous disions : J'y pensais!
Ah! tout serait fini! de sa tête, ô Français,
La France arracherait, de ses mains indignées,
Ses lauriers, et, parmi ses cheveux, des poignées
D'étoiles, qui s'iraient éteindre dans la nuit!

1. *Depuis l'Exil.* — *Au Congrès de la Paix.*

Non, nous ne serons pas ce qui s'évanouit ;
Non, nous ne serons pas le fils qui dégénère,
Et nous saurons hâter le réveil du tonnerre ;
Non, nous n'acceptons pas notre honneur obscurci !
Car ce qui fait un peuple illustre, le voici ;
C'est le théâtre, c'est la tribune, c'est l'âme
De tout homme allumée à toute pure flamme,
C'est l'essor pour l'esprit, le travail pour le corps,
C'est l'art, c'est la pensée, — et l'ennemi dehors.

Tant qu'ils sont en Alsace et qu'ils sont en Lorraine,
Ils sont chez nous. Sur toi, peuple, leur sabre traîne.
Ils t'ont pris ton bien, peuple. Eh bien, on le reprend.
Ah ! même le plus grand des siècles n'est pas grand
Si quelque ombre de honte est mêlée à sa gloire.
Avec une aile blanche avoir une aile noire,
Non, France, non ! jamais ainsi tu n'as vécu.
Et la paix n'est la paix qu'après qu'on a vaincu [1].

1. *Toute la Lyre.* — La Corde d'airain.

CHAPITRE IX

LA VICTOIRE DU DROIT

« Puissance mondiale ou décadence, voilà le sort que nous impose l'évolution historique, il n'y a pas de milieu. » (Bernhardi, *Unsere Zukunft*, p. 26.)

« L'issue de la guerre est toujours juste. » (Professeur Lasson, *Das Kulturideal und der Krieg.*)

Dans la crise que nous traversons, crise salutaire, après tout, et qui se dénouera bien, c'est ma conviction, on s'écrie de tous les côtés : Le désordre moral est immense, le péril social est imminent.

On cherche autour de soi avec anxiété, on se regarde, et l'on se demande :

Qui est-ce qui fait tout ce ravage? Qui est-ce qui fait tout le mal? quel est le coupable? qui faut-il punir? qui faut-il frapper?

Le parti de la peur, en Europe, dit : C'est la France. En France, il dit : C'est Paris. A Paris, il dit : C'est la presse. L'homme froid qui observe et qui pense dit : Le coupable, ce n'est pas la presse, ce n'est pas Paris, ce n'est pas la France; le coupable, c'est l'esprit humain !

C'est l'esprit humain. L'esprit humain qui a fait les nations ce qu'elles sont ; qui, depuis l'origine des choses, scrute, examine, discute, débat, doute, contredit, approfondit, affirme et poursuit sans relâche la solution du problème éternellement posé à la créature par le créateur. C'est l'esprit humain qui, sans cesse persécuté, combattu, comprimé, refoulé, ne disparaît que

pour reparaître et, passant d'une besogne à l'autre,
prend successivement de siècle en siècle la figure de
tous les grands agitateurs! C'est l'esprit humain qui
s'est nommé Jean Huss, et qui n'est pas mort sur le
bûcher de Constance; qui s'est nommé Luther, et qui
a ébranlé l'orthodoxie; qui s'est nommé Voltaire, et
qui a ébranlé la foi; qui s'est nommé Mirabeau, et qui
a ébranlé la royauté! C'est l'esprit humain qui, depuis
que l'histoire existe, a transformé les sociétés et les
gouvernements selon une loi de plus en plus acceptable
par la raison, qui a été la théocratie, l'aristocratie, la
monarchie, et qui est aujourd'hui la démocratie. C'est
l'esprit humain qui a été Babylone, Tyr, Jérusalem,
Athènes, Rome, et qui est aujourd'hui Paris; qui a été
tour à tour, et quelquefois tout ensemble, erreur, illu-
sion, hérésie, schisme, protestation, vérité; c'est l'es-
prit humain qui est le grand pasteur des générations,
et qui, en somme, a toujours marché vers le juste, le
beau et le vrai, éclairant les multitudes, agrandissant
les âmes, dressant de plus en plus la tête du peuple vers
le droit et la tête de l'homme vers Dieu.

Eh bien! je m'adresse au parti de la peur, partout
où il est en Europe, et je lui dis : Regardez bien ce que
vous voulez faire; réfléchissez à l'œuvre que vous entre-
prenez, et, avant de la tenter, mesurez-la. Je suppose
que vous réussissiez. Quand vous aurez détruit la presse,
il vous restera quelque chose à détruire, Paris. Quand
vous aurez détruit Paris, il vous restera quelque chose
à détruire, la France. Quand vous aurez détruit la
France, il vous restera quelque chose à tuer, l'esprit
humain.

Oui, je le dis, que le grand parti européen de la peur
mesure l'immensité de la tâche que, dans son héroïsme,
il veut se donner. Il aurait anéanti la presse jusqu'au
dernier journal, Paris jusqu'au dernier pavé, la France
jusqu'au dernier hameau, il n'aurait rien fait. Il lui
resterait encore à détruire quelque chose qui est toujours

debout, au-dessus des générations et en quelque sorte entre l'homme et Dieu, quelque chose qui a écrit tous les livres, inventé tous les arts, découvert tous les mondes, fondé toutes les civilisations ; quelque chose qui reprend toujours, sous la forme révolution, ce qu'on lui refuse sous la forme progrès ; quelque chose qui est insaisissable comme la lumière et inaccessible comme le soleil, et qui s'appelle l'esprit humain [1].

Quoi que fassent ceux qui règnent chez eux par la violence et hors de chez eux par la menace, quoi que fassent ceux qui se croient les maîtres des peuples et qui ne sont que les tyrans des consciences, l'homme qui lutte pour la justice et la vérité trouvera toujours le moyen d'accomplir son devoir tout entier.

La toute-puissance du mal n'a jamais abouti qu'à des efforts inutiles. La pensée échappe toujours à qui tente de l'étouffer. Elle se fait insaisissable à la compression ; elle se réfugie d'une forme dans l'autre. Le flambeau rayonne ; si on l'éteint, si on l'engloutit dans les ténèbres, le flambeau devient une voix, et l'on ne fait pas la nuit sur la parole ; si l'on met un bâillon à la bouche qui parle, la parole se change en lumière, et l'on ne bâillonne pas la lumière [1].

*   *
  *

De tout ceci, du gouffre obscur, du fatal sort,
Des haines, des fureurs, des tombes, ce qui sort,
C'est de la clarté, peuple, et de la certitude.
Progrès ! fraternité ! foi ! que la solitude
L'affirme, et que la foule y consente à grands cris ;
Que le hameau joyeux le dise au grand Paris,
Et que le Louvre ému le dise à la chaumière !
La dernière heure est claire autant que la première
Fut sombre ; et l'on entend distinctement au fond

---

1. *Avant l'Exil. — Assemblée législative.*
1. *Préface des Châtiments.*

13

Du ciel noir la rumeur que les naissances font.
On distingue en cette ombre un bruissement d'ailes.
Et moi, dans ces feuillets farouches et fidèles,
Dans ces pages de deuil, de bataille et d'effroi,
Si la clameur d'angoisse éclata malgré moi,
Si j'ai laissé tomber le mot de la souffrance,
Une négation quelconque d'espérance,
J'efface ce sanglot obscur qui se perdit ;
Ce mot, je le rature et je ne l'ai pas dit.

Moi, le navigateur serein qui ne redoute
Aucun choc dans les flots profonds, j'aurais un doute !
J'admettrais qu'une main hideuse pût tenir
Le verrou du passé fermé sur l'avenir !
Quoi, le crime prendrait au collet la justice ;
L'ombre étoufferait l'astre allant vers le solstice ;
Les rois à coups de fouet chasseraient devant eux
La conscience aveugle et le progrès boiteux ;
L'esprit humain, le droit, l'honneur, Jésus, Voltaire,
La vertu, la raison, n'auraient plus qu'à se taire,
La vérité mettrait sur ses lèvres son doigt,
Ce siècle s'en irait sans payer ce qu'il doit,
Le monde pencherait comme un vaisseau qui sombre,
On verrait lentement se consommer dans l'ombre,
A jamais, on ne sait sous quelles épaisseurs,
L'évanouissement sinistre des penseurs !
Non, et tu resteras, ô France, la première !
Et comment pourrait-on égorger la lumière ?
Le soleil ne pourrait, rongé par un vautour,
S'il répandait son sang, répandre que du jour ;
Quoi ! blesser le soleil ! tout l'enfer, s'il l'essaie,
Fera sortir des flots d'aurore de sa plaie.
Ainsi, France, du coup de lance à ton côté
Les rois tremblants verront jaillir la liberté[1].

1. *L'Année terrible.* — Juillet.

Nos morts.

Dans le vote des lois
Convient-il de donner à la tombe une voix ?
(*Conduite de l'homme vis-à-vis de la
Société.* — L'Ane.

Ils gisent dans le champ terrible et solitaire.
Leur sang fait une mare affreuse sur la terre ;
Les vautours monstrueux fouillent leur ventre ouvert ;
Leurs corps farouches, froids, épars sur le pré vert,
Effroyables, tordus, noirs, ont toutes les formes
Que le tonnerre donne aux foudroyés énormes ;
Leur crâne est à la pierre aveugle ressemblant ;
La neige les modèle avec son linceul blanc ;
On dirait que leur main lugubre, âpre et crispée,
Tâche encor de chasser quelqu'un à coups d'épée ;
Ils n'ont pas de parole, ils n'ont pas de regard ;
Sur l'immobilité de leur sommeil hagard
Les nuits passent ; ils ont plus de chocs et de plaies
Que les suppliciés promenés sur des claies ;

Sous eux rampent le ver, la larve et la fourmi ;
Ils s'enfoncent déjà dans la terre à demi
Comme dans l'eau profonde un navire qui sombre ;
Leurs pâles os, couverts de pourriture et d'ombre,
Sont comme ceux auxquels Ezéchiel parlait ;
On voit partout sur eux l'affreux coup du boulet,
La balafre du sabre et le trou de la lance ;
Le vaste vent glacé souffle sur ce silence ;
Ils sont nus et sanglants sous le ciel pluvieux.

O morts pour mon pays, je suis votre envieux[1].

* *

Hymne aux morts.

Ceux qui pieusement sont morts pour la patrie
Ont droit qu'à leur cercueil la foule vienne et prie.

1. *L'Année terrible.*

Entre les plus beaux noms leur nom est le plus beau.
Toute gloire près d'eux passe et tombe éphémère ;
      Et, comme ferait une mère,
La voix d'un peuple entier les berce en leur tombeau.

      Gloire à notre France éternelle !
      Gloire à ceux qui sont morts pour elle !
      Aux martyrs ! aux vaillants ! aux forts !
      A ceux qu'enflamme leur exemple,
      Qui veulent place dans le temple,
      Et qui mourront comme ils sont morts !

C'est pour ces morts, dont l'ombre est ici bienvenue,
Que le haut Panthéon élève dans la nue,
Au-dessus de Paris, la ville aux mille tours,
La reine de nos Tyrs et de nos Babylones,
      Cette couronne de colonnes
Que le soleil levant redore tous les jours !

      Gloire à notre France éternelle !
      Gloire à ceux qui sont morts pour elle !
      Aux martyrs ! aux vaillants ! aux forts !
      A ceux qu'enflamme leur exemple,
      Qui veulent place dans le temple,
      Et qui mourront comme ils sont morts !

Ainsi, quand de tels morts sont couchés dans la tombe,
En vain l'oubli, nuit sombre où va tout ce qui tombe,
Passe sur leur sépulcre où nous nous inclinons ;
Chaque jour, pour eux seuls se levant plus fidèle,
      La gloire, aube toujours nouvelle,
Fait luire leur mémoire et redore leurs noms !

      Gloire à notre France éternelle !
      Gloire à ceux qui sont morts pour elle !
      Aux martyrs ! aux vaillants ! aux forts ;
      A ceux qu'enflamme leur exemple,

Qui veulent place dans le temple,
Et qui mourront comme ils sont morts[1]!

Les vainqueurs sous l'Arc de Triomphe.

... Alors l'aigle d'airain à ton faîte endormi,
Superbe, et tout à coup se dressant à demi,
Sur ces héros baignés du feu de ses prunelles
Secouera largement ses ailes éternelles.
D'où viendra ce réveil? d'où viendront ces clartés
Et ce vent qui, soufflant sur ces guerriers sculptés,
Les fera remuer sur ta face hautaine
Comme tremble un feuillage autour du tronc d'un chêne.
Qu'importe? Dieu le sait. Le mystère est dans tout.
L'un à l'autre à voix basse ils se diront : Debout!
Ceux de quatre-vingt-seize et de mil huit cent onze,
Ceux que conduit au ciel la spirale de bronze,
Ceux que scelle à la terre un socle de granit,
Tous, poussant au combat le cheval qui hennit,
Le drapeau qui se gonfle et le canon qui roule,
A l'immense mêlée ils se rueront en foule.
Alors on entendra sur ton mur les clairons,
Les bombes, les tambours, le choc des escadrons,
Les cris, et le bruit sourd des plaines ébranlées,
Sortir confusément des pierres ciselées,
Et du pied au sommet du pilier souverain
Cent batailles rugir avec des voix d'airain.
Tout à coup, écrasant l'ennemi qui s'effare,
La victoire aux cent voix sonnera sa fanfare.
De la colonne à toi les cris se répondront.
Et puis tout se taira sur votre double front,
Une rumeur de fête emplira la vallée,
Et Notre-Dame au loin, aux ténèbres mêlée,
Illuminant sa croix ainsi qu'un labarum,
Vous chantera dans l'ombre un vague *Te Deum*[2]!

1. *Les Chants du crépuscule.*
2. *Les Voix intérieures. — A l'Arc de Triomphe.*

Le Châtiment.

Etre vainqueurs c'est peu, mais rester grands c'est tout.
Quand nous tiendrons ce traître, abject, frisonnant, blême,
Affirmons le progrès dans le châtiment même.
(*Les Châtiments. — Nox*[1].)

Ce serait une erreur de croire que ces choses
Finiront par des chants et des apothéoses ;
Certe, il viendra, le rude et fatal châtiment,
Jamais l'arrêt d'en haut ne recule et ne ment ;
Mais ces jours effrayants seront des jours sublimes.
Tu feras expier à ces hommes leurs crimes,
O peuple généreux, ô peuple frémissant,
Sans glaive, sans verser une goutte de sang,
Par la loi ; sans pardon, sans fureur, sans tempête.
Non, que pas un cheveu ne tombe d'une tête,
Que l'on n'entende pas une bouche crier ;
Que pas un scélérat ne trouve un meurtrier.
Les temps sont accomplis ; la loi de mort est morte.
Du vieux charnier humain nous avons clos la porte.
Tous ces hommes vivront. — Peuple, pas même lui !
Nous le disions hier, nous venons aujourd'hui
Le redire, et demain nous le dirons encore,
Nous qui des temps futurs portons au front l'aurore,
Parce que nos esprits, peut-être pour jamais,
De l'adversité sombre habitent les sommets[2].

* *

Jamais au criminel son crime ne pardonne ;
Mais gardez, croyez-moi, la vengeance au fourreau ;
Attendez ; ayez foi dans les ordres que donne
Dieu, juge patient, au temps, tardif bourreau !

1. Ecrits à l'adresse de Napoléon III, ces vers et tous ceux qui suivent pourraient s'appliquer aussi bien à l'empereur Guillaume II.
2. *Les Châtiments. — Les Sauveurs se sauveront*, VII.

Laissons vivre le traître en sa honte insondable;
Ce sang humilierait même le vil couteau.
Laissons venir le temps, l'inconnu formidable
Qui tient le châtiment caché sous son manteau.

Ne tuez pas cet homme, ô vous, songeurs sévères,
Rêveurs mystérieux, solitaires et forts,
Qui, pendant qu'on le fête et qu'il choque les verres,
Marchez, le poing crispé, dans l'herbe où sont les morts.

. . . .
. . . .

Non! il est l'assassin qui rôde dans les plaines.
Il a tué, sabré, mitraillé sans remords,
Il fit la maison vide, il fit les tombes pleines,
Il marche, il va, suivi par l'œil fixe des morts;

A cause de cet homme, empereur éphémère,
Le fils n'a plus de père et l'enfant plus d'espoir,
La veuve à genoux pleure et sanglote, et la mère
N'est plus qu'un spectre assis sous un long voile noir;

Gardons l'homme vivant. Oh! châtiment superbe!
Oh! s'il pouvait un jour passer par le chemin,
Nu, courbé, frissonnant, comme au vent tremble l'herbe,
Sous l'exécration de tout le genre humain!

Etreint par son passé tout rempli de ses crimes,
Comme par un carcan tout hérissé de clous,
Cherchant les lieux profonds, les forêts, les abîmes,
Pâle, horrible, effaré, reconnu par les loups;

Dans quelque bagne vil n'entendant que sa chaîne,
Seul, toujours seul, parlant en vain aux rochers sourds,
Voyant autour de lui le silence et la haine,
Des hommes nulle part et des spectres toujours;

Vieillissant, rejeté par la mort comme indigne,
Tremblant sous la nuit noire, affreux sous le ciel bleu...
Peuples, écartez-vous! cet homme porte un signe :
Laissez passer Caïn! il appartient à Dieu[1].

*
* *

O rois! comme un festin s'écoule votre vie.
La coupe des grandeurs, que le vulgaire envie,
    Brille dans votre main;
Mais au concert joyeux de la fête éphémère
Se mêle le cri sourd du tigre populaire
    Qui vous attend demain[2]!

1. *Les Châtiments.* — *Sacer esto.*
2. *Odes et Ballades.* — Le Repas libre.

DEUXIÈME PARTIE

VUES PROPHÉTIQUES

Poeta vates.

Dans les temps ordinaires, dans ce qu'on est convenu d'appeler les temps calmes, faute d'apercevoir le mouvement profond qui se fait sous l'immobilité apparente de la surface, dans les époques dites époques paisibles, on dédaigne volontiers les idées; il est de bon goût de les railler. Rêve, déclamation, utopie! s'écrie-t-on. On ne tient compte que des faits, et plus ils sont matériels, plus ils sont estimés. On ne fait cas que des gens d'affaires, des esprits *pratiques* comme on dit dans un certain jargon, et de ces hommes positifs qui ne sont, après tout, que des hommes négatifs.

Mais qu'une révolution éclate, les hommes d'affaires, les gens habiles, qui semblaient des colosses, ne sont plus que des nains; toutes les réalités qui n'ont plus la proportion des événements nouveaux s'écroulent et s'évanouissent; les faits matériels tombent et les idées grandissent jusqu'au ciel.

Toutes les fois que nous tirons de ce mot, la conscience, tout ce qu'on en doit tirer, selon nous, nous avons le malheur de faire sourire de bien grands politiques. Dans le premier moment, ces grands politiques ne nous croient pas incurables, ils prennent pitié de

nous, ils consentent à traiter cette infirmité dont nou
sommes atteints, la conscience, et ils nous opposent ave
bonté la raison d'Etat. Si nous persistons, oh! alors il
se fâchent, ils nous déclarent que nous n'entendons rie
aux affaires, que nous n'avons pas le sens politique, qu
nous ne sommes pas des hommes sérieux, et... com
ment vous dirai-je cela? ma foi! ils nous disent un gro
mot, la plus grosse injure qu'ils puissent trouver, il
nous appellent poètes[1]!

*
* *

Le dirigeable[2].

« Semons, à l'aide de nos dirigeables, la terreur et l
mort. » (ERZBERGER, *député catholique au Reichstag.*)

Loin dans les profondeurs, hors des nuits, hors du flot
Dans un écartement de nuages, qui laisse
Voir au-dessus des mers la céleste allégresse,
Un point vague et confus apparaît; dans le vent,
Dans l'espace, ce point se meut; il est vivant;
Il va, descend, remonte; il fait ce qu'il veut faire;
Il approche, il prend forme, il vient; c'est une sphère,
C'est un inexprimable et surprenant vaisseau,
Globe comme le monde, et comme l'aigle oiseau;
C'est un navire en marche. Où? Dans l'éther sublime!

Rêve! on croit voir planer un morceau d'une cime!
Le haut d'une montagne a, sous l'orbe étoilé,
Pris des ailes et s'est tout à coup envolé.
Quelque heure immense étant dans les destins sonnée,
La nuit errante s'est en vaisseau façonnée.
La Fable apparaît-elle à nos yeux décevants?

1. *Avant l'Exil. — Assemblée législative.*
2. Aéroscaphe : plus lourd que l'air, — prophétisé par Victor
Hugo comme un messager de paix et de fraternité universelle. Les
Allemands en ont fait un instrument de terreur et de mort.

L'antique Eole a-t-il jeté son outre aux vents;
De sorte qu'en ce gouffre où les orages naissent,
Les vents, subitement domptés, la reconnaissent?
Est-ce l'aimant qui s'est fait aider par l'éclair
Pour bâtir un esquif céleste avec de l'air?
Du haut des clairs azurs vient-il une visite?
Est-ce un transfiguré qui part et ressuscite,
Qui monte, délivré de la terre, emporté
Sur un char volant fait d'extase et de clarté...
C'est Isis qui déchire éperdument son voile!
C'est du métal, du bois, du chanvre et de la toile,
C'est de la pesanteur délivrée, et volant;
C'est la force alliée à l'homme étincelant,
Fière, arrachant l'argile à sa chaîne éternelle;
C'est la matière, heureuse, altière, ayant en elle
De l'ouragan humain, et planant à travers
L'immense étonnement des cieux enfin ouverts!

Audace humaine! effort du captif! sainte rage!
Effraction enfin plus forte que la cage!
Que faut-il à cet être, atome au large front,
Pour vaincre ce qui n'a ni fin, ni bord, ni fond,
Pour dompter le vent, trombe, et l'écume, avalanche?
Dans le ciel une toile et sur mer une planche[1].

* *

Jadis des quatre vents la fureur triomphait;
De ces quatre chevaux échappés l'homme a fait
          L'attelage de son quadrige;
Génie, ils les tient tous dans sa main, fier cocher
Du char aérien que l'éther voit marcher;
          Miracle, il gouverne un prodige.

Char merveilleux! son nom est Délivrance. Il court.
Près de lui le ramier est lent, le flocon lourd;

1. *L'hydravion?*

Le daim, l'épervier, la panthère
Sont encor là, qu'au loin son ombre a déjà fui;
Et la locomotive est reptile, et, sous lui,
L'hydre de flamme est ver de terre.

Une musique, un chant, sort de son tourbillon.
Ses cordages vibrants et remplis d'aquilon
Semblent, dans le vide où tout sombre,
Une lyre à travers laquelle par moment
Passe quelque âme en fuite au fond du firmament
Et mêlée aux souffles de l'ombre.

Superbe, il plane avec un hymne en ses agrès;
Et l'on croit voir passer la strophe du progrès.
Il est la nef, il est le phare!
L'homme enfin prend son sceptre et jette son bâton.
Et l'on voit s'envoler le calcul de Newton
Monté sur l'ode de Pindare.

Le char haletant plonge et s'enfonce dans l'air,
Dans l'éblouissement impénétrable et clair,
Dans l'éther sans tache et sans ride;
Il se perd sous le bleu des cieux démesurés;
Les esprits de l'azur contemplent effarés
Cet engloutissement splendide.

*
* *

Le saint navire court par le vent emporté
Avec la certitude et la rapidité
Du javelot cherchant la cible;
Rien n'en tombe, et pourtant il chemine en semant;
Sa rondeur, qu'on distingue en haut confusément,
Semble un ventre d'oiseau terrible.

Il vogue; les brouillards sous lui flottent dissous;
Ses pilotes penchés regardent, au-dessous
Des nuages où l'ancre traîne,

Si, dans l'ombre, où la terre avec l'air se confond,
Le sommet du mont Blanc ou quelque autre bas-fond
    Ne vient pas heurter sa carène.

* *

Par moments la tempête accourt, le ciel pâlit,
L'autan bouleversant les flots de l'air emplit
L'espace d'une écume affreuse de nuages ;
Mais qu'importe à l'esquif de la mer sans rivages ?

Qu'importe le moment ? qu'importe la saison ?
La brume peut cacher dans le blême horizon
    Les Saturnes et les Mercures ;
La bise, conduisant la pluie aux crins épars,
Dans les nuages lourds grondant de toutes parts
    Peut tordre des hydres obscures ;

Qu'importe ? il va. Tout souffle est bon ; simoun, mistral !
La terre a disparu dans le puits sidéral,
    Il entre au mystère nocturne,
Au-dessus de la grêle et de l'ouragan fou,
Laissant le globe en bas dans l'ombre, on ne sait où,
    Sous le renversement de l'urne.

Intrépide, il bondit sur les ondes du vent ;
Il se rue, aile ouverte et la proue en avant,
    Il monte, il monte, il monte encore,
Au delà de la zone où tout s'évanouit,
Comme s'il s'en allait dans la profonde nuit
    A la poursuite de l'aurore !

Où va-t-il, ce navire ? Il va, de jour vêtu,
A l'avenir divin et pur, à la vertu,
    A la science qu'on voit luire,
A la mort des fléaux, à l'oubli généreux,
A l'abondance, au calme, au rire, à l'homme heureux ;
    Il va, ce glorieux navire,

Au droit, à la raison, à la fraternité,
A la religieuse et sainte vérité
    Sans impostures et sans voiles,
A l'amour, sur les cœurs serrant son doux lien,
Au juste, au grand, au bon, au beau... — Vous voyez bien
    Qu'en effet il monte aux étoiles!

Il porte l'homme à l'homme, et l'esprit à l'esprit.
Il civilise, ô gloire! il ruine, il flétrit
    Tout l'affreux passé qui s'effare;
Il abolit la loi de fer, la loi de sang,
Les glaives, les carcans, l'esclavage, en passant
    Dans les cieux comme une fanfare.

Tout est sauvé! La fleur, le printemps aromal,
L'éclosion du bien, l'écroulement du mal,
    Fêtent dans sa course enchantée
Ce beau globe éclaireur, ce grand char curieux,
Qu'Empédocle, du fond des gouffres, suit des yeux,
    Et, du haut des monts, Prométhée!

*
* *

Oh! ce navire fait le voyage sacré!
C'est l'ascension bleue à son premier degré
    Hors de l'antique et vil décombre,
Hors de la pesanteur; c'est l'avenir fondé;
C'est le destin de l'homme à la fin évadé,
    Qui lève l'ancre et sort de l'ombre!

Ce navire là-haut conclut le grand hymen,
Il mêle presque à Dieu l'âme du genre humain.
    Il voit l'insondable, il y touche;
Il est le vaste élan du progrès vers le ciel;
Il est l'entrée altière et sainte du réel
    Dans l'antique idéal farouche.

Oh! chacun de ses pas conquiert l'illimité!
Il est la joie; il est la paix; l'humanité

A trouvé son organe immense ;
Il vogue, usurpateur sacré, vainqueur béni,
Reculant chaque jour plus loin dans l'infini
            Le point sombre où l'homme commence.

Il laboure l'abîme, il ouvre ces sillons
Où croissaient l'ouragan, l'hiver, les tourbillons,
            Les sifflements et les huées ;
Grâce à lui, la concorde est la gerbe des cieux ;
Il va, fécondateur du ciel mystérieux,
            Charrue auguste des nuées.

Il fait germer la vie humaine dans ces champs
Où Dieu n'avait encor semé que des couchants
            Et moissonné que des aurores ;
Il entend, sous son vol qui fend les airs sereins,
Croître et frémir partout les peuples souverains,
            Ces immenses épis sonores !

Nef magique et suprême ! elle a, rien qu'en marchant,
Changé le cri terrestre en pur et joyeux chant,
            Rajeuni les races flétries,
Etabli l'ordre vrai, montré le chemin sûr,
Dieu juste ! et fait entrer dans l'homme tant d'azur
            Qu'elle a supprimé les patries !

Faisant à l'homme avec le ciel une cité,
Une pensée avec toute l'immensité,
            Elle abolit les vieilles règles ;
Elle abaisse les monts, elle annule les tours ;
Splendide, elle introduit les peuples, marcheurs lourds,
            Dans la communion des aigles.

Elle a cette divine et chaste fonction
De composer là-haut l'unique nation,
            A la fois dernière et première,
De promener l'essor dans le rayonnement,

Et de faire planer, ivre de firmament,
   La liberté dans la lumière[1].

La révolution en Allemagne.

Sachez-le, puisqu'il faut, Teutons, qu'on vous l'apprenne,
Non, vous ne prendrez pas l'Alsace et la Lorraine ;
Et c'est nous qui prendrons l'Allemagne. Ecoutez.
Franchir notre frontière, entrer dans nos cités,
Voir chez nous les esprits marcher, lire nos livres,
Respirer l'air profond dont nos penseurs sont ivres,
C'est rendre à son insu son épée au progrès ;
C'est boire à notre coupe, accepter nos regrets,
Nos deuils, nos maux féconds, nos vœux, nos espérances ;
C'est pleurer nos pleurs ; c'est envier nos souffrances ;
C'est vouloir ce grand vent, la révolution ;
C'est comprendre, ô Germains ! ce que sait l'alcyon,
Que l'orage farouche est pour l'onde une fête,
Et que nous allons droit au but dans la tempête,
En lui laissant briser nos mâts et nos agrès.
Les rois donnent aux champs les peuples pour engrais,
Et ce meurtre s'appelle ensuite la victoire ;
Ils jettent Austerlitz ou Rosbach à l'histoire,
Et disent : c'est fini. — Laissons le temps passer.
Ce qui vient de finir, ô rois, va commencer.
Oui, les peuples sont morts, mais le peuple va naître,
A travers les rois l'aube invincible pénètre :
L'aube, c'est la Justice et c'est la Liberté.
Le conquérant se sent conquis. Dompteur dompté,
Il s'étonne ; en son cœur plein d'une vague honte
Une construction mystérieuse monte ;
L'homme a d'informes blocs dans l'esprit, préjugés,
Vice, erreur, dogmes faux d'égoïsme rongés ;
Mais que devant lui passe une voix, un exemple,
Toutes ces pierres vont faire en son âme un temple.

1. *La Légende des siècles.* — Plein ciel.

Homme! Thèbe éternelle en proie aux Amphions!
Ah! délivrez-vous donc, nous vous en défions,
Allemands, de Pascal, de Danton, de Voltaire!
Teutons, délivrez-vous de l'effrayant mystère
Du progrès qui se fait sa part à tout moment,
De la création maîtresse obscurément,
Du vrai démuselant l'ignorance sauvage,
Et du jour qui réduit toute âme en esclavage!
Esclavage superbe! obéissant au droit
Par qui l'erreur s'écroule et la raison s'accroît!
Délivrez-vous des monts qui vous offrent leur cime.
Délivrez-vous de l'aile inconnue et sublime
Que vous ne voyez pas et que vous avez tous!
Délivrez-vous du vent que nous soufflons sur vous!
Délivrez-vous du monde ignoré qui commence,
Du devoir, du printemps et de l'espace immense!
Délivrez-vous de l'eau, de la terre, de l'air,
Et de notre Corneille et de votre Schiller,
De vos poumons voulant respirer, des prunelles
Qui vous montrent là-haut les clartés éternelles,
De la vérité, vraie à toute heure, en tout lieu,
D'aujourd'hui, de demain... — Délivrez-vous de Dieu!
Ah! vous êtes en France, Allemands! prenez garde!
Ah! barbarie! ah! foule imprudente et hagarde,
Vous accourez avec des glaives! ah! vos camps,
Tels que l'ardent limon vomi par les volcans,
Roulent jusqu'à Paris hors de votre cratère!
Ah! vous venez chez nous nous prendre un peu de terre!
Eh bien, nous vous prendrons tout votre cœur!
                                    Demain,
Demain, le but français étant le but humain,
Vous y courrez. Oui, vous, grande nation noire,
Vous irez à l'émeute, à la lutte, à la gloire,
A l'épreuve, aux grands chocs, aux sublimes malheurs,
Aux révolutions, comme l'abeille aux fleurs!
Hélas! vous tuez ceux par qui vous devez vivre.
Qu'importe la fanfare enflant ses voix de cuivre,

Ces guerres, ces fracas furieux, ces blocus !
Vous semblez nos vainqueurs, vous êtes nos vaincus.
Comme l'Océan filtre au fond des madrépores,
Notre pensée en vous entre par tous les pores ;
Demain vous maudirez ce que nous détestons :
Et vous ne pourrez pas vous en aller, Teutons,
Sans avoir fait ici provision de haine
Contre Pierre et César, contre l'ombre et la chaîne ;
Car nos regards de deuil, de colère et d'effroi,
Passent par-dessus vous, peuple, et frappent le roi !
Vous qui fûtes longtemps la pauvre tourbe aveugle
Gémissant au hasard comme le taureau beugle,
Vous puiserez chez nous l'altière volonté
D'exister, et d'avoir au front une clarté ;
Et le ferme dessein n'aura rien de vulgaire
Que vous emporterez dans votre sac de guerre ;
Ce sera l'âpre ardeur de faire comme nous,
Et d'être tous égaux et d'être libres tous ;
Allemands, ce sera l'intention formelle
De foudroyer ce tas de trônes pêle-mêle,
De tendre aux nations la main, et de n'avoir
Pour maître que le droit, pour chef que le devoir ;
Afin que l'univers sache, s'il le demande,
Que l'Allemagne est forte et que la France est grande ;
Que le Germain candide est enfin triomphant,
Et qu'il est l'homme peuple et non le peuple enfant !

Vos hordes aux yeux bleus se mettront à nous suivre
Avec la joie étrange et superbe de vivre,
Et le contentement profond de n'avoir plus
D'enclumes pour forger des glaives superflus.
Le plus poignant motif que sur terre on rencontre
D'être pour la raison, c'est d'avoir été contre ;
On sert le droit avec d'autant plus de vertu
Qu'on a le repentir de l'avoir combattu.
L'Allemagne, de tant de meurtres inondée,
Sera la prisonnière auguste de l'idée,

Car on est d'autant plus captif qu'on fut vainqueur ;
Elle ne pourra pas rendre à la nuit son cœur ;
L'Allemand ne pourra s'évader de son âme
Dont nous aurons changé la lumière et la flamme
Et se reconnaîtra Français, en frémissant
De baiser nos pieds, lui qui buvait notre sang !

Non, vous ne prendrez pas la Lorraine et l'Alsace.
Et, je vous le redis, Allemands, quoi qu'on fasse,
C'est vous qui serez pris par la France. Comment?
Comme le fer est pris dans l'ombre par l'aimant;
Comme la vaste nuit est prise par l'aurore ;
Comme avec ses rochers, où dort l'écho sonore,
Ses cavernes, ses trous de bêtes, ses halliers,
Et son horreur sacrée, et ses loups familiers,
Et toute sa feuillée informe qui chancelle,
Le bois lugubre est pris par la claire étincelle.
Quand nos éclairs auront traversé vos massifs,
Quand vous aurez subi, puis savouré, pensifs,
Cet air de France où l'âme est d'autant plus à l'aise
Qu'elle y sent vaguement flotter la *Marseillaise,*
Quand vous aurez assez donné vos biens, vos droits,
Votre honneur, vos enfants, à dévorer aux rois;
Quand vous verrez César envahir vos provinces;
Quand vous aurez pesé de deux façons vos princes,
Quand vous vous serez dit : ces maîtres des humains
Sont lourds à notre épaule et légers dans nos mains;
Quand, tout ceci passé, vous verrez les entailles
Qu'auront faites sur nous et sur vous les batailles;
Quand ces charbons ardents, dont en France les plis
Des drapeaux, des linceuls, des âmes, sont remplis,
Auront ensemencé vos profondeurs funèbres ;
Quand ils auront creusé lentement vos ténèbres;
Quand ils auront en vous couvé le temps voulu,
Un jour, soudain, devant l'affreux sceptre absolu,
Devant les rois, devant les antiques Sodomes,
Devant le mal, devant le joug, vous, forêt d'hommes,

Vous aurez la colère énorme qui prend feu ;
Vous vous ouvrirez, gouffre, à l'ouragan de Dieu ;
Gloire au Nord ! ce sera l'aurore boréale
Des peuples, éclairant une Europe idéale !
Vous crierez : — Quoi ! des rois ! quoi donc ! un empereur ! —
Quel éblouissement, l'Allemagne en fureur[1] !...

. . . .

Ah ! ton peuple vivra, mais ton empire penche,
Allemagne. O révolte au fond du tombeau sourd !
O tocsin formidable au clocher de Strasbourg !
Ossements remués ! dressement de fantômes !
Czars, princes, empereurs, maîtres du monde, atomes,
Comme ces grands néants s'envolent dans la nuit !
Comme l'éternité des rois s'évanouit !
Des hommes jeunes, vieux, hurlant, des paysannes,
Des paysans, ayant des faulx pour pertuisanes,
Ah ! le jour de la lutte, il en viendra plus d'un !
Metz imitera Lille, et Strasbourg Châteaudun ;
Vos canons contre vous retourneront leurs gueules,
Les pierres se mettront en marche toutes seules
Et feront des remparts contre vous, et les tours
Vous chasseront, hiboux, milans, corbeaux, vautours !
On verra fourmiller le gouffre des épées ;
Alors revivra, fière, au vent des épopées,
La Révolution debout, le sabre au poing ;
Et, pâles, vous de qui l'avenir ne veut point,
Vous verrez reparaître, ô rois, cette gorgone
A travers le branchage effrayant de l'Argonne !
La France embrassera l'Alsace, embrassera
La Lorraine, ô triomphe ! et l'Europe sera[2]...

L'écroulement des rois teutons.

Oh ! qui que vous soyez, qui voulez être maîtres,
Je vous plains. Vils, méchants, féroces, lâches, traîtres,

1. *L'Année terrible.* — Décembre.
2. *Toute la lyre.* — La Corde d'airain.

Vous périrez par ceux que vous croyez tenir.
Le présent est l'enclume où se fait l'avenir.
L'araignée est plus tard prise en ses propres toiles.
Aux noirs événements si vous ôtiez leurs voiles,
Vous reconnaîtriez, tremblants, nus, mis en croix,
Dans ces bourreaux masqués vos fautes d'autrefois;
Derrière lui le meurtre, ivresse, succès, gloire,
Laisse un vomissement qu'un jour il faudra boire;
En étouffant en vous l'horreur, l'inimitié,
La rage, c'est de vous que vous aurez pitié;
Les dépenses de sang innocent sont des dettes;
La trace de l'effort violent que vous faites
Pour être à jamais rois et dieux solidement,
Vous la retrouverez dans votre écroulement;
Votre fureur revient sur vous, et vous châtie;
La foudre qui sur vous tombe, est de vous sortie;
Si bien que le sort donne à la même action
Deux noms, crime d'abord, plus tard punition[1].

. . . . , ...

Mais, princes, cette chose étrange, la justice,
Existe; et, quel que soit le palais qu'on bâtisse,
Fût-il de marbre, il est d'argile, et son ciment
Périra, s'il n'a pas le droit pour fondement;
Son mur est vain s'il n'est gardé que par le nombre,
Et sa porte de bronze est faite avec de l'ombre.
Vos peuples sont déjà repentants de vous voir
Tant d'ivresse, un tel sceptre aux mains, tant de pouvoir.
Ils vous ont couronnés, ne sachant pas qu'un Louvre
Abrite la rapine et le vol, dès qu'on l'ouvre;
Ils frémissent de voir que vous avez tout pris.
C'est de leur flanc que l'arbre immense du mépris
Sortira comme un chêne horrible sort de terre.

Vous croyez, tout-puissants stupides, qu'on fait taire
L'éternelle clameur des hommes opprimés!

1. *L'Année terrible.*

Vous pesez sur les gonds de la nuit, vous fermez
La porte par où doit venir la grande aurore !
Vous tentez d'étouffer l'aube auguste et sonore !
Ah ! vous vous attaquez au sinistre avenir ?
Il vient ressusciter, sauver, aimer, punir !
Tremblez ! vous violez la rive inabordable.
Savez-vous les secrets de la nuit formidable ?
C'est nous que le matin mystérieux connaît.
Ce qui germe, ce qui s'avance, ce qui naît,
Ce qui pense, est à nous. Donc tremblez, ô despotes !
Tout ce que tu fais, Krupp, tout ce que tu tripotes,
Bismarck, tous les fourneaux, flamboyants entonnoirs,
Où l'âpre forge souffle avec ses poumons noirs,
Fabriquant des canons, des mortiers, des bombardes,
Tout ce qu'un faux triomphe inspire à de faux bardes,
Rois, je vous le redis, ce décor d'opéra
Pâlira, passera, fuira, s'écroulera !

. . . .

*
* *

Vous bâtissez, avec toutes sortes de crimes,
Un édifice infâme au haut des monts sublimes.
Vous avez entre l'homme et vous construit un mur,
Soit, un palais énorme, éblouissant, obscur,
D'où sort l'éclair, où pas une lumière n'entre,
Et c'est un temple, à moins que ce ne soit un antre.
Pourtant, eût-on pour soi l'armée et le sénat,
Ne point laisser de trace après l'assassinat,
Rajuster son exploit, bien laver la victoire,
Nettoyer le côté malpropre de la gloire,
Est prudent. Le sort a des retours tortueux,
Songez-y ; — j'en conviens, vous êtes monstrueux ;
Vous et vos chanceliers, vous et vos connétables,
Vous êtes satisfaits, vous êtes redoutables ;
Vous avez, joyeux, forts, servis par ce qui nuit,
Entrepris le recul du monde vers la nuit ;
Vous faites chaque jour faire un progrès à l'ombre ;

Vous avez, sous le ciel d'heure en heure plus sombre,
Princes, de tels succès à nous faire envier
Que vous pouvez railler le vingt et un janvier,
Le quatorze juillet, le dix août, ces journées
Tragiques, d'où sortaient les grandes destinées,
Que vous pouvez penser que le Rhin, ce ruisseau,
Suffit pour arrêter Jourdan, Brune et Marceau,
Et que vous pouvez rire en vos banquets sonores
De tous nos ouragans, de toutes nos aurores,
Et des vastes efforts des titans endormis.
Tout est bien ; vous vivez, vous êtes bons amis,
Rois, et vous n'êtes point de notre or économes ;
Vous en êtes venus à vous donner les hommes ;
Vous vous faites cadeau d'un peuple, après souper ;
L'aigle est fait pour planer et l'homme pour ramper,
L'Europe est le reptile, et vous êtes les aigles ;
Vos caprices, voilà nos lois, nos droits, nos règles ;
La terre encor n'a vu sous le bleu firmament
Rien qui puisse égaler votre assouvissement ;
Et le destin pour vous s'épuise en politesses ;
Devant vos majestés et devant vos altesses
Les prêtres mettent Dieu stupéfait à genoux ;
Jamais rien n'a semblé plus éternel que vous ;
Votre toute-puissance aujourd'hui seule existe ;
Mais, rois, tout cela tremble, et votre gloire triste
Devine le refus profond de l'avenir ;
Car sur tous les bonheurs que vous croyez tenir,
Sur vos arcs triomphaux, sur vos splendeurs hautaines,
Sur tout ce qui compose, ô rois, ô capitaines,
L'amas prodigieux de vos prospérités,
Sur ce que vous rêvez, sur ce que vous tentez,
Sur votre ambition et sur votre espérance,
On voit la grande main sanglante de la France[1].

1. *Toute la Lyre. — Alsace et Lorraine.*

L'Avenir-Démocratie.

FÉDÉRATION ET ARBITRAGE. — DÉCLARATION DE PAIX
AU MONDE

Nous vivons dans un temps où il est nécessaire d'accomplir d'éclatantes actions de fraternité. D'abord, parce qu'il est toujours bon de faire le bien ; ensuite, parce que le passé ne veut pas se résigner à disparaître, parce qu'en présence de l'avenir, qui apporte aux nations la *fédération* et la concorde, le passé tâche de réveiller la haine.

Répondons à la haine par la solidarité et par l'union.

La paix, c'est le verbe de l'avenir, c'est l'annonce des Etats-Unis de l'Europe, c'est le nom de baptême du vingtième siècle. Ne nous lassons pas, nous les philosophes, de *déclarer au monde la paix*. Faisons sortir de ce mot suprême tout ce qu'il contient.

Disons-le, ce qu'il faut à la France, à l'Europe, au monde civilisé, ce qui est dès à présent réalisable, ce que nous voulons, le voici : les religions sans l'intolérance, c'est-à-dire la raison remplaçant le dogmatisme ; la pénalité sans la mort, c'est-à-dire la correction remplaçant la vindicte ; le travail sans l'exploitation, c'est-à-dire le bien-être remplaçant le malaise ; la circulation sans la frontière, c'est-à-dire la liberté remplaçant la ligature ; les nationalités sans l'antagonisme, c'est-à-dire l'*arbitrage* remplaçant la guerre ; en un mot, tous les désarmements, excepté le désarmement de la conscience.

Ah ! cette exception-là, je la maintiens. Car tant que la politique contiendra la guerre, tant que la pénalité contiendra l'échafaud, tant que le dogme contiendra l'enfer, tant que la force sociale sera comminatoire, tant que le principe, qui est le droit, sera l'instinct du fait, qui est le code, tant que l'indissoluble sera dans la loi civile et l'irréparable dans la loi criminelle, tant que la liberté pourra être garrottée, tant que la vérité pourra être bâillonnée, tant que le juge pourra dégénérer en bourreau, tant que le chef pourra dégénérer en tyran, tant que nous aurons pour précipices des abîmes creusés par nous-mêmes, tant qu'il y aura des opprimés, des exploités, des accablés, des justes qui saignent, des faibles qui pleurent, il faut que la conscience reste armée.

La conscience armée, c'est Juvénal terrible, c'est Tacite pensif, c'est Dante flétrissant Boniface, c'est-à-dire l'homme probe châtiant l'homme infaillible, c'est Voltaire vengeant Calas, c'est-à-dire la justice rappelant à l'ordre la magistrature. La conscience armée, c'est le droit incorruptible faisant obstacle à la loi inique, c'est la philosophie supprimant la torture, c'est la tolérance abolissant l'inquisition, c'est le jour vrai remplaçant dans les âmes le jour faux, c'est la clarté de l'aurore substituée à la lueur des bûchers. Oui, la conscience reste et restera armée, Juvénal et Tacite resteront debout, tant que l'histoire nous montrera la justice humaine satisfaite de son peu de ressemblance avec la justice divine, tant que la raison d'État sera en crédit, tant qu'un épouvantable *vœ victis* régnera.

Ayons une foi absolue dans la patrie. La destinée de la France fait partie de l'avenir humain. Depuis trois siècles la lumière du monde est française. Le monde ne changera pas de flambeau.

Pourtant, ne croyez pas que je pousse l'espérance jusqu'à l'illusion. Ma foi en la France est filiale, et par conséquent passionnée, mais elle est philosophique, et par conséquent réfléchie. Ma parole est sincère, mais elle est virile, et je ne veux rien dissimuler. Une seule chose est à la taille du peuple, c'est la vérité. Et dire la réalité, c'est le devoir.

Nous traversons une heure redoutable. La réalité, c'est que si la nuit complète se faisait, il y aurait des possibilités de naufrage. Les crises succèdent aux catastrophes. J'espère cependant.

15

Je fais plus qu'espérer. J'affirme. Pourquoi? Je vais vous le dire.

La marche du genre humain vers l'avenir a toutes les complications d'un voyage de découvertes. Le progrès est une navigation; souvent nocturne. On pourrait dire que l'humanité est en pleine mer. Elle avance lentement, dans un roulis terrible, immense navire battu des vents. Il y a des instants sinistres. A de certains moments, la noirceur de l'horizon est profonde; il semble qu'on aille au hasard. Où? à l'abîme. On rencontre un écueil, on se heurte à un bas-fond, on traverse un cyclone; les ouragans et les tonnerres se mêlent; on a au-dessus de sa tête tout le passé en nuages et chargé de foudres; cet éclair, c'est le glaive; cet autre éclair, c'est le spectre; ce grondement, c'est la guerre. Que va-t-on devenir? Va-t-on finir par s'entre-dévorer? En viendra-t-on à un radeau de la *Méduse,* à une lutte d'affamés et de naufragés, à la bataille dans la tempête? Est-ce qu'il est possible qu'on soit perdu? On lève les yeux. On cherche dans le ciel une espérance, une indication, un conseil. L'anxiété est au comble. Où est le salut? Tout à coup, la brume s'écarte, une lueur apparaît; il semble qu'une déchirure se fasse dans le noir complot des nuées, une trouée blanchit toute cette ombre, et, subitement, à l'horizon, au-dessus des gouffres, au delà des nuages, le genre humain frissonnant aperçoit cette haute clarté allumée par des géants sur la cime du dix-huitième siècle, ce majestueux phare à feux tournants qui présente alternativement aux nations désemparées chacun des trois rayons dont se compose la civilisation future : Liberté, Egalité, Fraternité.

Liberté, cela s'adresse au peuple; Egalité, cela s'adresse aux hommes; Fraternité, cela s'adresse aux âmes.

Navigateurs en détresse, abordez à ce grand rivage, la République. Le port est là[1].

1. *Depuis l'Exil*, 1877.

L'union après la victoire.

Mon Dieu! quand donc cesserons-nous de nous menacer et de nous déchirer? Nous avons pourtant autre chose à faire! Nous avons autour de nous les travailleurs qui demandent des ateliers, les enfants qui demandent des écoles, les vieillards qui demandent des asiles, le peuple qui demande du pain, la France qui demande de la gloire!

Nous avons une société nouvelle à faire sortir des entrailles de la société ancienne, et, quant à moi, je suis de ceux qui ne veulent sacrifier ni l'enfant ni la mère. Ah! nous n'avons pas le temps de nous haïr!

La haine dépense de la force, et, de toutes les manières de dépenser de la force, c'est la plus mauvaise. Réunissons fraternellement tous nos efforts, au contraire, dans un but commun, le bien du pays. Au lieu d'échafauder péniblement les lois d'irritation et d'animosité, des lois qui calomnient ceux qui les font, cherchons ensemble, et cordialement, la solution du redoutable problème de la civilisation qui nous est posé, et qui contient, selon ce que nous saurons faire, les catastrophes les plus fatales ou le plus magnifique avenir.

Nous sommes une génération prédestinée, nous touchons à une crise décisive, et nous avons de bien plus grands et de bien plus effrayants devoirs que nos pères. Nos pères n'avaient que la France à servir; nous, nous avons la France à sauver. Non, nous n'avons pas le temps de nous haïr[1]!

Il ne faut pas que la ruine et le désastre saisissent tour à tour et renversent toutes les existences dans ce pays.

Le moyen : le calme dans la rue, l'union dans la cité, la force dans le gouvernement, la bonne volonté dans le travail, la bonne foi dans tout.

1. *Avant l'Exil.* — La Déportation.

Il ne faut pas, dis-je, que cette agonie se prolonge;
il ne faut pas que toutes les existences soient tour à
tour renversées. Et à qui cela profiterait-il chez nous?
Depuis quand la misère du riche est-elle la richesse du
pauvre? Dans un tel résultat je pourrais bien voir la
vengeance des classes longtemps souffrantes, je n'y
verrais pas leur bonheur.

Dans cette extrémité, je m'adresse du plus profond
et du plus sincère de mon cœur aux philosophes initia-
teurs, aux penseurs démocrates, aux socialistes, et je
leur dis : Vous comptez parmi vous des cœurs géné-
reux, des esprits puissants et bienveillants, vous voulez
comme nous le bien de la France et de l'humanité. Eh
bien, aidez-nous! aidez-nous! Il n'y a plus seulement
la détresse des travailleurs, il y a la détresse de tous.
N'irritez pas là où il faut concilier, n'armez pas une
misère contre une misère, n'ameutez pas un désespoir
contre un désespoir.

Prenez garde! deux fléaux sont à votre porte, deux
monstres attendent et rugissent là, dans les ténèbres,
derrière nous et derrière vous, la guerre civile et la
guerre servile, c'est-à-dire le lion et le tigre; ne les
déchaînez pas! Au nom du ciel, aidez-nous!

Toutes les fois que vous ne mettez pas en question
la famille et la propriété, ces bases saintes sur les-
quelles repose toute civilisation, nous admettons avec
vous les instincts nouveaux de l'humanité; admettez
avec nous les nécessités momentanées des sociétés.

J'entends dire les nécessités éternelles. Il va sans dire
que l'homme qui vous parle n'est pas un homme qui
nie et met en doute les nécessités éternelles des sociétés.
J'invoque la nécessité momentanée d'un péril immense
et imminent, et j'appelle autour de ce grand péril tous
les bons citoyens, quelle que soit leur nuance, quelle
que soit leur couleur, tous ceux qui veulent le bonheur
de la France et la grandeur du pays, et je dis à ces pen-
seurs auxquels je m'adressais tout à l'heure : Puisque

le peuple croit en vous, puisque vous avez ce doux et
cher bonheur d'être aimés et écoutés de lui, oh, je vous
en conjure, dites-lui de ne point se hâter vers la rup-
ture et la colère, dites-lui de ne rien précipiter, dites-
lui de revenir à l'ordre, aux idées de travail et de paix,
car l'avenir est pour tous, car l'avenir est pour le peuple!
Il ne faut qu'un peu de patience et de fraternité; et
il serait horrible que, par une révolte d'équipage, la
France, ce premier navire des nations, sombrât en vue
de ce port magnifique que nous apercevons tous dans
la lumière et qui attend le genre humain[1].

*   *
*

L'avenir est un édifice mystérieux que nous bâtis-
sons nous-mêmes de nos propres mains dans l'obscu-
rité, et qui doit plus tard nous servir à tous de demeure.
Un jour vient où il se referme sur ceux qui l'ont bâti.
Ah! puisque nous le construisons aujourd'hui pour
l'habiter demain, puisqu'il nous attend, puisqu'il nous
saisira sans nul doute, composons-le donc, cet avenir,
avec ce que nous avons de meilleur dans l'âme, et non
avec ce que nous avons de pire; avec l'amour, et non
avec la colère! Faisons-le rayonnant et non ténébreux!
faisons-en un palais et non une prison[1].

En présence de cet ouragan énorme, pas encore fini,
entr'aidons-nous les uns les autres.

Nous ne sommes pas assez hors de danger pour ne
point nous tendre la main.

O mes frères, réconcilions-nous.

Prenons la route immense de l'apaisement. On s'est
assez haï. Trêve. Oui, tendons-nous tous la main. Que
les grands aient pitié des petits, et que les petits fassent
grâce aux grands. Quand donc comprendra-t-on que
nous sommes sur le même navire, et que le naufrage

1. *Avant l'Exil.* — Ateliers nationaux.
1. *Avant l'Exil.* — Assemblée législative.

est indivisible? Cette mer qui nous menace est assez grande pour tous, il y a de l'abîme pour vous comme pour moi. Sauver les autres, c'est se sauver soi-même. La solidarité est terrible, mais la fraternité est douce. L'une engendre l'autre. O mes frères, soyons frères!

Voulons-nous terminer notre malheur? renonçons à notre colère. Réconcilions-nous. Vous verrez comme ce sourire sera beau.

Pourquoi condamner l'avenir au grossissement des vengeances gonflées de pleurs et à la sinistre répercussion des rancunes! Allez dans les bois, écoutez les échos, et songez aux représailles; cette voix obscure et lointaine qui vous répond, c'est votre haine qui revient contre vous. Prenez garde, l'avenir est bon débiteur, et votre colère, il vous la rendra. Regardez les berceaux, ne leur noircissez pas la vie qui les attend. Si nous n'avons pas pitié des enfants des autres, ayons pitié de nos enfants. Apaisement! apaisement! Hélas! nous écoutera-t-on?

N'importe, persistons, nous qui voulons qu'on promette et non qu'on menace, nous qui voulons qu'on guérisse et non qu'on mutile, nous qui voulons qu'on vive et non qu'on meure. Les grandes lois d'en haut sont avec nous. Il y a un profond parallélisme entre la lumière qui nous vient du soleil et la clémence qui nous vient de Dieu. Il y aura une heure de pleine fraternité, comme il y a une heure de plein midi. Ne perds pas courage, ô pitié! Quant à moi, je ne me lasserai pas, et ce que j'ai écrit dans tous mes livres, ce que j'ai attesté par tous mes actes, ce que j'ai dit à tous les auditoires, à la tribune des pairs comme dans le cimetière des proscrits, à l'assemblée nationale de France comme à la fenêtre lapidée de la place des Barricades de Bruxelles, je l'attesterai, je l'écrirai, et je le dirai sans cesse : il faut s'aimer, s'aimer, s'aimer! Les heureux doivent avoir pour malheur les malheureux. L'égoïsme social est un commencement de sépulcre. Voulons-nous vivre, mêlons nos cœurs, et soyons l'immense genre humain. Marchons en avant, remorquons en arrière. La prospérité matérielle n'est pas la félicité morale, l'étourdissement n'est pas la guérison, l'oubli n'est pas le payement. Aidons, protégeons, secourons, avouons la faute publique et réparons-la. Tout ce qui souffre accuse, tout ce qui pleure dans l'individu saigne dans la société, personne n'est tout seul, toutes les fibres vivantes tressaillent ensemble et se confondent, les petits doivent être sacrés aux grands, et c'est du droit de tous les faibles que se compose le devoir de tous les forts[1].

République et socialisme.

> « Chose frappante! il est peut-être dans la destinée du sultan de faire crouler tous les trônes. » (*Pendant l'Exil*, 1853.)

Les sociétés ne sont bien gouvernées en fait et en droit que lorsque ces deux forces, l'intelligence et le pouvoir, se superposent. Si l'intelligence n'éclaire encore qu'une tête au sommet du corps social, que cette tête règne; les théocraties ont leur logique et leur beauté. Dès que plusieurs ont la lumière, que plusieurs gouvernent; les aristocraties sont alors légitimes. Mais lorsque enfin l'ombre a disparu de partout, quand toutes les têtes sont dans la lumière, que tous régissent tout. Le peuple est mûr à la république, qu'il ait la république[2].

Le 22 septembre 1792, au milieu des plus redoutables complications, en présence de la coalition des rois, l'immense énigme humaine étant posée, une bouche sublime, la bouche de la France, s'est ouverte et a jeté aux peuples ce cri qui est une solution : République! Il y a dans ce cri une puissance d'écroulement qui ébranle sur leur base les tyrannies, les usurpations et les impostures, et qui fait trembler toutes les tours des

1. *Avant l'Exil.* — Le Droit et la loi.
2. *Littérature et Philosophie mêlées.*

ténèbres. L'écroulement du mal, c'est la construction du bien.

Répétons-le, ce cri libérateur République.

Répétons-le d'une voix si ferme et si haute qu'il ait raison de toutes les surdités. Achevons ce que nos aïeux ont commencé. Soyons les fils obéissants de nos glorieux pères. Complétons la révolution française par la fraternité européenne, et l'unité de la France par l'unité du continent. Etablissons entre les nations cette solide paix, *la fédération,* et cette solide justice, *l'arbitrage.* Soyons des peuples d'esprit au lieu d'être des peuples stupides.

Echangeons des idées et non des boulets. Quoi de plus bête qu'un canon? Que toute l'oscillation du progrès soit contenue entre ces deux termes :

Civilisation, mais révolution.

Révolution, mais civilisation[1].

* * *

CONTRE LE BOLCHEVISME

Deux républiques sont possibles.

L'une abattra le drapeau tricolore sous le drapeau rouge, fera des gros sous avec la colonne, jettera bas la statue de Napoléon et dressera la statue de Marat, détruira l'Institut, l'Ecole polytechnique et la Légion d'honneur, ajoutera à l'auguste devise : *Liberté, Egalité, Fraternité,* l'option sinistre : *ou la Mort ;* fera banqueroute, ruinera les riches sans enrichir les pauvres, anéantira le crédit, qui est la fortune de tous, et le travail, qui est le pain de chacun, abolira la propriété et la famille, promènera des têtes sur des piques, remplira les prisons par le soupçon et les videra par le massacre, mettra l'Europe en feu et la civilisation en cendre, fera de la France la patrie des ténèbres, égorgera la liberté, étouffera les arts, décapitera la pensée, niera Dieu; re-

1. *Depuis l'Exil,* 1876. — Le Banquet de Marseille.

mettra en mouvement ces deux machines fatales qui ne vont pas l'une sans l'autre, la planche aux assignats et la bascule de la guillotine ; en un mot, fera froidement ce que les hommes de 93 ont fait ardemment, et, après l'horrible dans le grand que nos pères ont vu, nous montrera le monstrueux dans le petit.

L'autre sera la sainte communion de tous les Français dès à présent, et de tous les peuples un jour, dans le principe démocratique ; fondera une liberté sans usurpation et sans violences, une égalité qui admettra la croissance naturelle de chacun, une fraternité, non de moines dans un couvent, mais d'hommes libres ; donnera à tous l'enseignement comme le soleil donne la lumière, gratuitement ; introduira la clémence dans la loi pénale et la conciliation dans la loi civile ; multipliera les chemins de fer, reboisera une partie du territoire, en défrichera une autre, décuplera la valeur du sol ; partira de ce principe qu'il faut que tout homme commence par le travail et finisse par la propriété, assurera en conséquence la propriété comme la représentation du travail accompli, et le travail comme l'élément de la propriété future ; respectera l'héritage, qui n'est autre chose que la main du père tendue aux enfants à travers le mur du tombeau ; combinera pacifiquement, pour résoudre le glorieux problème du bien-être universel, les accroissements continus de l'industrie, de la science, de l'art et de la pensée ; poursuivra, sans quitter terre pourtant et sans sortir du possible et du vrai, la réalisation sereine de tous les grands rêves des sages ; bâtira le pouvoir sur la même base que la liberté, c'est-à-dire sur le droit ; subordonnera la force à l'intelligence ; dissoudra l'émeute et la guerre, ces deux formes de la barbarie ; fera de l'ordre la loi des citoyens, et de la paix la loi des nations ; vivra et rayonnera ; grandira la France, conquerra le monde ; sera, en un mot, le majestueux embrassement du genre humain sous le regard de Dieu satisfait.

De ces deux républiques, celle-ci s'appelle la civilisation, celle-là s'appelle la terreur[1].

* *

Les États-Unis d'Europe.

Certes, j'ai foi au résultat final. Je n'ai jamais cru à la France plus qu'en ce moment. Elle fera son œuvre, la République continentale, puis s'y dissoudra. Il ne peut sortir de cette guerre que la fin des guerres et de cet affreux choc de monarchies que les États-Unis d'Europe.

Vous les verrez. Je ne les verrai pas. Pourquoi? C'est parce que je les ai prédits. J'ai, le premier, le 17 juillet 1851, prononcé, au milieu des huées, ce mot : Les États-Unis d'Europe. Donc, je serai exclu. Jamais les Moïses n'ont vu les Chanaans[2].

Tout marche, tout avance, tout approche, et, je vous le dis avec une joie profonde, déjà se font jour et deviennent visibles les symptômes précurseurs du grand avènement. Oui, réjouissez-vous, proscrits de toutes les nations, ou, pour mieux dire, proscrits de la grande nation unique, de cette nation qui sera le genre humain et qui s'appellera *République universelle*[3].

Amis, la persécution et la douleur, c'est aujourd'hui; les États-Unis d'Europe, les Peuples-Frères, c'est demain. Lendemain inévitable pour nos ennemis, infaillible pour nous. Amis, quelles que soient les angoisses et les duretés du moment qui passe, fixons notre pensée sur ce lendemain splendide, déjà visible pour elles, sur cette immense échéance de la liberté et de la fraternité. Quelquefois, dans la nuit lugubre où vous êtes,

1. Ou Bolchevisme. — *Avant l'Exil.* — Réunions électorales. Victor Hugo à ses concitoyens.
2. *Correspondance.* — A Paul Meurice.
3. *Pendant l'Exil,* 1853.

on s'étonne de voir dans vos yeux tant de lumière. Cette lumière, c'est la clarté de l'avenir dont vous êtes pleins.

En face des tyrans, levons haut les nationalités; en présence de la démocratie, inclinons-les. La démocratie, c'est la grande patrie. République universelle, c'est patrie universelle. Au jour venu, contre les despotes, les nationalités et les patries devront pousser le cri de guerre; l'œuvre faite, l'unité, la sainte unité humaine déposera au front de toutes les nations le baiser de paix. Montons d'échelon en échelon, d'initiation en initiation, de douleur en douleur, de misère en misère, aux grandes formules. Que chaque degré franchi élargisse l'horizon. Il y a quelque chose qui est au-dessus de l'Allemand, du Belge, de l'Italien, de l'Anglais, du Français, c'est le citoyen; il y a quelque chose qui est au-dessus du citoyen, c'est l'homme. La fin des nations, c'est l'unité, comme la fin des racines, c'est l'arbre, comme la fin des vents, c'est le ciel, comme la fin des fleuves, c'est la mer. Peuples! il n'y a qu'un peuple. Vive la république universelle[1]!

*
* *

A cette heure la France et l'Angleterre n'ont plus qu'une voie de salut, l'affranchissement des peuples, *la levée en masse des nationalités*[2].

Le premier peuple du monde a fait trois révolutions comme les dieux d'Homère faisaient trois pas. Ces trois révolutions qui n'en font qu'une, ce n'est pas une révolution locale, c'est la révolution humaine; ce n'est pas le cri égoïste d'un peuple, c'est la revendication de la sainte équité universelle, c'est la liquidation des griefs généraux de l'humanité depuis que l'histoire existe; c'est, après les siècles de l'esclavage, du servage, de la théocratie, de la féodalité, de l'inquisition, du despotisme sous tous les noms, du supplice humain sous

1. *Pendant l'Exil,* 1852. — En quittant la Belgique.
2. *Pendant l'Exil,* 1855. — Sixième anniversaire de février 1848.

toutes les formes, la proclamation auguste des droits de l'homme!

Après de longues épreuves, cette révolution a enfanté en France la république; en d'autres termes, le peuple français, en pleine possession de lui-même et dans le majestueux exercice de sa toute-puissance, a fait passer de la région des abstractions dans la région des faits, a constitué et institué, et définitivement et absolument établi la forme du gouvernement la plus logique et la plus parfaite, la république, qui est pour le peuple une sorte de droit naturel comme la liberté pour l'homme. Le peuple français a taillé dans un granit indestructible et posé au milieu même du vieux continent monarchique la première assise de cet immense édifice de l'avenir, qui s'appellera un jour les États-Unis d'Europe[1]!

Cette révolution, inouïe dans l'histoire, c'est l'idéal des grands philosophes réalisé par un grand peuple, c'est l'éducation des nations par l'exemple de la France. Son but, son but sacré, c'est le bien universel, c'est une sorte de rédemption humaine. C'est l'ère entrevue par Socrate, et pour laquelle il a bu la ciguë; c'est l'œuvre faite par Jésus-Christ, et pour laquelle il a été mis en croix[2]!

★
★ ★

Muselons les fanatismes et les despotismes. Brisons les glaives, valets des superstitions et les dogmes, qui ont

1. Ce mot, les *États-Unis d'Europe*, avait été prononcé pour la première fois par Victor Hugo le 17 juillet 1851 à la tribune de l'Assemblée législative. Il indigna la droite, et surtout l'égaya. Il y eut une explosion de rires, auxquels se mêlaient des apostrophes de toutes sortes. Le représentant Bancel en saisit au passage quelques-unes, et les nota. Les voici :

M. de Montalembert. — Les États-Unis d'Europe! C'est trop fort, Hugo est fou.

M. Molé. — Les États-Unis d'Europe! voilà une idée! Quelle extravagance.

M. Quentin-Bauchard. — Ces poètes!

2. *Avant l'Exil*, 1851. — Revis. de la Constit. : Assemblée législ.

le sabre au poing. Plus de guerres, plus de massacres, plus de carnages; libre pensée, libre échange; fraternité. Est-ce donc si difficile, la paix? La République d'Europe, la Fédération continentale, il n'y a pas d'autre réalité politique que celle-là. Les raisonnements le constatent, les événements aussi. Sur cette réalité qui est une nécessité, tous les philosophes sont d'accord, et aujourd'hui les bourreaux joignent leur démonstration à la démonstration des philosophes.

Il faut à l'Europe une nationalité européenne, un gouvernement un, un immense arbitrage fraternel, la démocratie en paix avec elle-même, toutes les nations sœurs ayant pour cité et pour chef-lieu Paris, c'est-à-dire, la liberté ayant pour capitale la lumière. En un mot, les Etats-Unis d'Europe. C'est là le but, c'est là le port. Ceci n'était hier que la vérité; grâce à la Serbie, c'est aujourd'hui l'évidence. Aux penseurs s'ajoutent les assassins. La preuve était faite par les génies, la voilà faite par les monstres. L'avenir est un dieu traîné par des tigres[1].

Au Congrès de la paix.

Concitoyens des États-Unis d'Europe,

Permettez-moi de vous donner ce nom, car la *république européenne fédérale* est fondée en droit, en attendant qu'elle soit fondée en fait. Vous existez, donc elle existe. Vous la constatez par votre union qui ébauche l'unité. Vous êtes le commencement du grand avenir.

Votre congrès est plus qu'une assemblée d'intelligences; c'est une sorte de comité de rédaction des futures tables de la loi. Une élite n'existe qu'à la condition de représenter la foule; vous êtes cette élite-là. Dès à présent, vous signifiez à qui de droit que la guerre est mauvaise, que le meurtre, même glorieux, fanfaron et

1. *Depuis l'Exil,* 1876.

royal, est infâme, que le sang humain est précieux, que la vie est sacrée. Solennelle mise en demeure.

Qu'une dernière guerre soit nécessaire, hélas! je ne suis, certes, pas de ceux qui le nient. Que sera cette guerre? Une guerre de conquête. Quelle est la conquête à faire? La liberté.

Le premier besoin de l'homme, son premier droit, son premier devoir, c'est la liberté.

La civilisation tend invinciblement à l'unité d'idiome, à l'unité de mètre, à l'unité de monnaie et à la fusion des nations dans l'humanité qui est l'unité suprême. La concorde a un synonyme, simplification; de même que la richesse et la vie ont un synonyme, circulation. La première des servitudes, c'est la frontière.

Qui dit frontière dit ligature. Coupez la ligature, effacez la frontière, ôtez le douanier, ôtez le soldat, en d'autres termes soyez libres; la paix suit.

Paix désormais profonde. Paix faite une fois pour toutes. Paix inviolable. Etat normal du travail, de l'échange, de l'offre et de la demande, de la production et de la consommation, du vaste effort en commun, de l'attraction des industries, du va-et-vient des idées, du flux et du reflux humain[1].

Il y a actuellement deux efforts dans la civilisation; l'un pour, l'autre contre; l'effort de la France et l'effort de l'Allemagne. Chacune veut créer un monde. Ce que l'Allemagne veut faire, c'est l'Allemagne; ce que la France veut faire, c'est l'Europe.

Faire l'Allemagne, c'est construire l'empire, c'est-à-dire la nuit; faire l'Europe, c'est enfanter la démocratie, c'est-à-dire la lumière.

N'en doutez pas, entre les deux mondes, l'un ténébreux, l'autre radieux, l'un faux, l'autre vrai, le choix de l'avenir est fait.

L'avenir départagera l'Allemagne et la France; et il

1. *Pendant l'Exil*, 1869.

fera à toutes deux ce don magnifique, l'Europe, c'est-à-dire la grande république fédérale du continent[1].

*   *

Messieurs,

Beaucoup d'entre vous viennent des points du globe les plus éloignés, le cœur plein d'une pensée religieuse et sainte. Vous comptez dans vos rangs des publicistes, des philosophes, des ministres des cultes chrétiens, des écrivains éminents, plusieurs de ces hommes considérables, de ces hommes publics et populaires qui sont les lumières de leur nation. Vous avez voulu dater de Paris les déclarations de cette réunion d'esprits convaincus et graves, qui ne veulent pas seulement le bien d'un peuple, mais qui veulent le bien de tous les peuples. Vous venez ajouter aux principes qui dirigent aujourd'hui les hommes d'Etat, les gouvernants, les législateurs, un principe supérieur. Vous venez tourner en quelque sorte le dernier et le plus auguste feuillet de l'évangile, celui qui impose la paix aux enfants du même Dieu, et, dans cette ville qui n'a encore décrété que la fraternité des citoyens, vous venez proclamer la fraternité des hommes.

Messieurs, cette pensée religieuse, la paix universelle, toutes les nations liées entre elles d'un lien commun, l'évangile pour loi suprême, la médiation substituée à la guerre, cette pensée religieuse est-elle une pensée pratique? cette idée sainte est-elle une idée réalisable? Beaucoup d'esprits positifs, comme on parle aujourd'hui, beaucoup d'hommes politiques vieillis, comme on dit, dans le maniement des affaires, répondent : Non. Moi, je réponds avec vous, je réponds sans hésiter, je réponds : Oui! et je vais essayer de le prouver tout à l'heure.

Je vais plus loin; je ne dis pas seulement : C'est un

1. *Depuis l'Exil.* — Au Congrès de la paix, 1875.

but réalisable, je dis : C'est un but inévitable ; on peut en retarder ou en hâter l'avènement, voilà tout.

La loi du monde n'est pas et ne peut pas être distincte de la loi de Dieu. Or, la loi de Dieu, ce n'est pas la guerre, c'est la paix. Les hommes ont commencé par la lutte, comme la création par le chaos. D'où viennent-ils? De la guerre; cela est évident. Mais où vont-ils? A la paix; cela n'est pas moins évident.

Quand vous affirmez ces hautes vérités, il est tout simple que votre affirmation rencontre la négation; il est tout simple que votre foi rencontre l'incrédulité; il est tout simple que, dans cette heure de nos troubles et de nos déchirements, l'idée de la paix universelle surprenne et choque presque comme l'apparition de l'impossible et de l'idéal; il est tout simple que l'on crie à l'utopie; et, quant à moi, humble et obscur ouvrier dans cette grande œuvre du dix-neuvième siècle, j'accepte cette résistance des esprits sans qu'elle m'étonne ni me décourage. Est-il possible que vous ne fassiez pas détourner les têtes et fermer les yeux dans une sorte d'éblouissement, quand, au milieu des ténèbres qui pèsent encore sur nous, vous ouvrez brusquement la porte rayonnante de l'avenir?

Messieurs, si quelqu'un, il y a quatre siècles, à l'époque où la guerre existait de commune à commune, de ville à ville, de province à province, si quelqu'un eût dit à la Lorraine, à la Picardie, à la Normandie, à la Bretagne, à l'Auvergne, à la Provence, au Dauphiné, à la Bourgogne : « Un jour viendra où vous ne vous ferez plus la guerre, un jour viendra où vous ne lèverez plus d'hommes d'armes les uns contre les autres, un jour viendra où l'on ne dira plus : — Les Normands ont attaqué les Picards, les Lorrains ont repoussé les Bourguignons ; vous aurez bien encore des différends à régler, des intérêts à débattre, des contestations à résoudre, mais savez-vous ce que vous mettrez à la place des hommes d'armes? savez-vous ce que vous mettrez à la place des gens de pied et de cheval, des canons, des fauconneaux, des lances, des piques, des épées? Vous mettrez une petite boîte de sapin que vous appellerez l'urne du scrutin, et de cette boîte il sortira, quoi? une assemblée! une assemblée en laquelle vous vous sentirez tous vivre, une assemblée qui sera comme votre âme à tous, un concile souverain et populaire qui décidera, qui jugera, qui résoudra tout en loi, qui fera tomber le glaive de toutes les mains et surgir la justice dans tous les cœurs, qui dira à chacun : Là finit ton droit, ici commence ton devoir. Bas les armes! vivez en paix! Et ce jour-là, vous vous sentirez une pensée commune, des intérêts communs, une destinée commune; vous vous embrasserez, vous vous reconnaîtrez fils du même sang et de la même race; ce jour-là, vous ne serez plus des peuplades ennemies, vous serez un peuple; vous ne serez plus la Bourgogne, la Normandie, la Bretagne, la Provence, vous serez la France. Vous ne vous appellerez plus la guerre, vous vous appellerez la civilisation. »

Si quelqu'un eût dit cela à cette époque, messieurs, tous les hommes positifs, tous les gens sérieux, tous les grands politiques d'alors se fussent écriés : — Oh! le songeur! Oh! le rêve-creux! Comme cet homme connaît peu l'humanité! Que voilà une étrange folie et une absurde chimère! — Messieurs, le temps a marché, et cette chimère, c'est la réalité.

Et, j'insiste sur ceci, l'homme qui eût fait cette prophétie sublime eût été déclaré fou par les sages, pour avoir entrevu les desseins de Dieu!

Eh bien! vous dites aujourd'hui, et je suis de ceux qui disent avec vous, tous, nous qui sommes ici, nous disons à la France, à l'Angleterre, à la Prusse, à l'Autriche, à l'Espagne, à l'Italie, à la Russie, nous leur disons :

Un jour viendra où les armes vous tomberont des mains, à vous aussi! Un jour viendra où la guerre paraîtra aussi absurde et aussi impossible entre Paris et Londres, entre Pétersbourg et Berlin, entre Vienne et Turin, qu'elle serait impossible et qu'elle paraîtrait absurde aujourd'hui entre Rouen et Amiens, entre Boston et Philadelphie. Un jour viendra où vous France, vous Russie, vous Italie, vous Angleterre, vous Allemagne, vous toutes, nations du continent, sans perdre vos qualités distinctes et votre glorieuse invidualité, vous vous fondrez étroitement dans une unité supérieure et vous constituerez la fraternité européenne, absolument comme la Normandie, la Bretagne, la Bourgogne, la Lorraine, l'Alsace, toutes nos provinces se sont fondues dans la France. Un jour viendra où il n'y aura plus d'autres champs de bataille que les marchés s'ouvrant au commerce et les esprits s'ouvrant aux idées. Un jour viendra où les boulets et les bombes seront remplacés par les votes, par le suffrage universel des peuples, par le vénérable arbitrage d'un grand sénat souverain qui sera à l'Europe ce que le parlement est à l'Angleterre, ce que la diète est à l'Allemagne, ce que l'assemblée législative est à la France! Un jour viendra où l'on montrera un canon dans les musées comme on y montre aujourd'hui un instrument de torture, en s'étonnant que cela ait pu être! Un jour viendra où l'on verra ces deux groupes immenses, les Etats-Unis d'Amérique, les Etats-Unis d'Europe, placés en face l'un de l'autre, se tendant la main par-dessus les mers, échangeant leurs produits, leur commerce, leur industrie, leurs arts, leurs génies, défrichant le globe, colonisant les déserts, améliorant la création sous le regard du créateur, et combinant ensemble, pour en tirer le bien-être de tous, ces deux forces infinies : la fraternité des hommes et la puissance de Dieu!

Et ce jour-là, il ne faudra pas quatre cents ans pour l'amener, car nous vivons dans un temps rapide, nous vivons dans le courant d'événements et d'idées le plus impétueux qui ait encore entraîné les peuples, et, à l'époque où nous sommes, une année fait parfois l'ouvrage d'un siècle.

Et Français, Anglais, Belges, Allemands, Russes, Slaves-Européens, Américains, qu'avons-nous à faire pour arriver le plus tôt possible à ce grand jour? Nous aimer.

Nous aimer! Dans cette œuvre immense de la pacification, c'est la meilleure manière d'aider Dieu!

Car Dieu le veut, ce but sublime! Et voyez, pour y atteindre, ce qu'il fait de toutes parts! Voyez que de découvertes il fait sortir du génie humain, qui toutes vont à ce but, la paix! Que de progrès, que de simplifications! Comme la nature se laisse de plus en plus dompter par l'homme! comme la matière devient de plus en plus l'esclave de l'intelligence et la servante de la civilisation! comme les causes de guerre s'évanouissent avec les causes de souffrance! comme les peuples lointains se touchent! comme les distances se rapprochent! Et le rapprochement, c'est le commencement de la fraternité.

Grâce aux chemins de fer, l'Europe bientôt ne sera pas plus grande que ne l'était la France au moyen âge! Grâce aux navires à vapeur, on traverse aujourd'hui l'Océan plus aisément qu'on ne traversait autrefois la Méditerranée! Avant peu, l'homme parcourra la terre comme les dieux d'Homère parcouraient le ciel, en trois pas. Encore quelques années, et le fil électrique de la concorde entourera le globe et étreindra le monde.

Messieurs, je le dis en terminant, et que cette pensée nous encourage, ce n'est pas aujourd'hui que le genre humain est en marche dans cette voie providentielle. Dans notre vieille Europe, l'Angleterre a fait le premier pas, et par son exemple séculaire elle a dit aux peuples : Vous êtes libres. La France a fait le second pas, et elle a dit aux peuples : Vous êtes souverains. Maintenant faisons le troisième pas et tous ensemble, France,

Angleterre, Belgique, Allemagne, Italie, Europe, Amérique, disons aux peuples : Vous êtes frères[1]!

CLOTURE DU CONGRÈS DE LA PAIX

Messieurs, vous m'avez permis de vous adresser quelques paroles de bienvenue; permettez-moi de vous adresser quelques paroles d'adieu.

Nous allons nous séparer, mais nous resterons unis de cœur. Nous avons désormais une pensée commune, messieurs; et une commune pensée, c'est, en quelque sorte, une commune patrie. Oui, à dater de ce jour, nous tous qui sommes ici, nous sommes compatriotes!

Vous avez pendant trois jours délibéré, discuté, approfondi, avec sagesse et dignité, de graves questions, et à propos de ces questions, les plus hautes que puisse agiter l'humanité, vous avez pratiqué noblement les grandes mœurs des peuples libres.

Vous avez donné aux gouvernements des conseils, des conseils amis qu'ils entendront, n'en doutez pas! Des voix éloquentes se sont élevées parmi vous, de généreux appels ont été faits à tous les sentiments magnanimes de l'homme et du peuple; vous avez déposé dans les esprits, en dépit des préjugés et des inimitiés internationales, le germe impérissable de la paix universelle.

Savez-vous ce que nous voyons, savez-vous ce que nous avons sous les yeux, depuis trois jours? C'est l'Angleterre serrant la main de la France, c'est l'Amérique serrant la main de l'Europe, et quant à moi, je ne sache rien de plus grand et de plus beau.

Retournez maintenant dans vos foyers, rentrez dans vos pays, le cœur plein de joie, dites-y que vous venez de chez vos compatriotes de France. Dites que vous y

1. *Avant l'Exil.* — Au Congrès de la paix du 21 août 1849. — Discours d'ouverture.

avez jeté les bases de la paix du monde, répandez partout cette bonne nouvelle, et semez partout cette grande pensée[1].

Société des nations. — L'avenir de l'Europe.

> « Les temps sont venus. Le droit a trouvé sa formule : la *Fédération humaine*. » (*Depuis l'Exil*. — Le Centenaire de Voltaire.)
>
> « Un accord stable sur la paix ne peut être maintenu que par une société de nations démocratiques. » (*Message du président des Etats-Unis, M. W. Wilson, au Congrès,* 2 avril 1917.)

A l'heure où nous sommes, la guerre vient d'achever un travail sinistre qui remet la civilisation en question. Une haine immense emplit l'avenir. Le moment semble étrange pour parler de la paix. Eh bien! jamais ce mot : Paix, n'a pu être plus utilement prononcé qu'aujourd'hui. La paix, c'est l'inévitable but. Le genre humain marche sans cesse vers la paix, même par la guerre. Quant à moi, dès à présent, à travers la vaste animosité régnante, j'entrevois distinctement la fraternité universelle. Les heures fatales sont une claire-voie et ne peuvent empêcher le rayon divin de passer à travers elles.

Des événements considérables se sont accomplis[1].

Toute l'éloquence humaine dans les assemblées de tous les peuples et de tous les temps peut se résumer en ceci : la querelle du droit contre la loi.

Cette querelle, et c'est là tout le phénomène du progrès, tend de plus en plus à décroître. Le jour où elle cessera, la civilisation touchera à son apogée, la jonction sera faite entre ce qui doit être et ce qui est, la tribune politique se transformera en tribune scientifique; fin des surprises, fin des calamités et des catastrophes;

---

1. *Avant l'Exil*, 24 août 1849.
1. *Depuis l'Exil*. — L'Avenir de l'Europe.

on aura doublé le cap des tempêtes; il n'y aura pour
ainsi dire plus d'événements; la société se développera
majestueusement selon la nature; la quantité d'éternité
possible à la terre se mêlera aux faits humains et les
apaisera.

Plus de disputes, plus de fictions, plus de parasites;
ce sera le règne paisible de l'incontestable; on ne fera
plus les lois, on les constatera; les lois sont des axio-
mes, on ne met pas aux voix deux et deux font quatre,
le binôme de Newton ne dépend pas d'une majorité, il
y a une géométrie sociale; on sera gouverné par l'évi-
dence; le code sera honnête, direct, clair; ce n'est pas
pour rien qu'on appelle la vertu la droiture; cette rigi-
dité fait partie de la liberté; elle n'exclut en rien l'ins-
piration, les souffles et les rayons sont rectilignes.
L'humanité a deux pôles, le vrai et le beau; elle sera
régie, dans l'un par l'exact, dans l'autre par l'idéal.
Grâce à l'instruction substituée à la guerre, le suffrage
universel arrivera à ce degré de discernement qu'il
saura choisir les esprits; on aura pour parlement le
concile permanent des intelligences; l'Institut sera
le sénat. La Convention, en créant l'Institut, avait la
vision, confuse, mais profonde, pour l'avenir.

Cette société de l'avenir sera superbe et tranquille.
Aux batailles succéderont les découvertes; les peuples
ne conquerront plus, ils grandiront et s'éclaireront; on
ne sera plus des guerriers, on sera des travailleurs; on
trouvera, on construira, on inventera; exterminer ne
sera plus une gloire. Ce sera le remplacement des
tueurs par les créateurs. La civilisation qui était toute
d'action sera toute de pensée; la vie publique se com-
posera de l'étude du vrai et de la production du beau;
les chefs-d'œuvre seront les incidents; on sera plus
ému d'une Iliade que d'un Austerlitz. Les frontières
s'effaceront sous la lumière des esprits. La Grèce était
très petite, notre presqu'île du Finistère superposée à
la Grèce la couvrirait; la Grèce était immense par

Homère, par Eschyle, par Phidias et par Socrate. Ces quatre hommes sont quatre mondes. La Grèce les eut ; de là sa grandeur. L'envergure d'un peuple se mesure à son rayonnement[1]. La Sibérie, cette géante, est une naine ; la colossale Afrique existe à peine. Une ville, Rome, a été l'égale de l'univers ; qui lui parlait, parlait à toute la terre. *Urbi et orbi.*

Cette grandeur, la France l'a, et l'aura de plus en plus. La France a cela d'admirable qu'elle est destinée à mourir, mais à mourir, comme les dieux, par la transfiguration. La France deviendra Europe. Certains peuples finissent par la sublimation, comme Hercule, ou par l'ascension, comme Jésus-Christ. On pourrait dire qu'à un moment donné un peuple entre en constellation ; les autres peuples, astres de deuxième grandeur, se groupent autour de lui, et c'est ainsi qu'Athènes, Rome et Paris sont pléiades. Lois immenses. La Grèce s'est transfigurée, et est devenue le monde païen ; Rome s'est transfigurée, et est devenue le monde chrétien ; la France se transfigurera et deviendra le monde humain. La révolution de France s'appellera l'évolution des peuples. Pourquoi ? Parce que la France le mérite ; parce qu'elle manque d'égoïsme, parce qu'elle ne travaille pas pour elle seule, parce qu'elle est créatrice d'espérances universelles, parce qu'elle représente toute la bonne volonté humaine, parce que là où les autres nations sont seulement des sœurs, elle est mère. Cette maternité de la généreuse France éclate dans tous les phénomènes sociaux de ce temps ; les autres peuples lui font ses malheurs ; elle leur fait leurs idées. Sa révolution n'est pas locale, elle est générale ; elle n'est pas limitée, elle est indéfinie. La France restaure en toute chose la notion primitive, la notion vraie.

1. « Il n'y a que dans les grands Etats où puisse se développer un véritable orgueil national, signe de la valeur morale d'un peuple. Le petit Etat rapetisse tout à sa mesure. Il développe une mentalité de gueux. » (Treitschke.)

Dans la philosophie elle rétablit la logique, dans
l'art elle rétablit la nature, dans la loi elle rétablit le
droit[1].

*
* *

Au vingtième siècle, il y aura une nation extraordi-
naire. Cette nation sera grande, ce qui ne l'empêchera
pas d'être libre. Elle sera illustre, riche, pensante, paci-
fique, cordiale au reste de l'humanité. Elle aura la gra-
vité douce d'une aînée. Elle s'étonnera de la gloire des
projectiles coniques. Une bataille entre Italiens et Alle-
mands, entre Anglais et Russes, entre Prussiens et Fran-
çais, lui apparaîtra comme nous apparaît une bataille
entre Picards et Bourguignons. Elle considérera le gas-
pillage du sang humain comme inutile. Elle n'éprou-
vrera que médiocrement l'admiration d'un gros chiffre
d'hommes tués. Le haussement d'épaules que nous
avons devant l'inquisition, elle l'aura devant la guerre.
Elle regardera le champ de bataille de Sadowa de l'air
dont nous regarderions le quemadero de Séville. Elle
trouvera bête cette oscillation de la victoire aboutissant
invariablement à de funèbres remises en équilibre,
et Austerlitz toujours soldé par Waterloo. Elle aura
pour « l'autorité » à peu près le respect que nous avons
pour l'orthodoxie; un procès de presse lui semblera ce
que nous semblerait un procès d'hérésie; elle admettra
la vindicte contre les écrivains, juste comme nous
admettons la vindicte contre les astronomes, et, sans
rapprocher autrement Béranger de Galilée, elle ne
comprendra pas plus Béranger en cellule que Galilée
en prison. *E pur si muove*, loin d'être sa peur, sera sa
joie. Elle aura la suprême justice de la bonté. Elle sera
pudique et indignée devant les barbaries. La vision
d'un échafaud dressé lui fera affront. Chez cette nation,
la pénalité fondra et décroîtra dans l'instruction gran-

1. *Avant l'Exil.* — Le Droit et la loi.

dissante comme la glace au soleil levant. La circula-
tion sera préférée à la stagnation. On ne s'empêchera
plus de passer. Aux fleuves frontières succéderont les
fleuves artères. Couper un pont sera aussi impossible
que couper une tête. La poudre à canon sera poudre à
forage; le salpêtre, qui a pour utilité actuelle de percer
les poitrines, aura pour fonction de percer les monta-
gnes. Les avantages de la balle cylindrique sur la balle
ronde, du silex sur la mèche, de la capsule sur le silex,
et de la bascule sur la capsule, seront méconnus. On
sera froid pour les merveilleuses couleuvrines de treize
pieds de long, en fonte frettée, pouvant tirer, au choix
des personnes, le boulet creux et le boulet plein. On
sera ingrat pour Chassepot dépassant Dreyse et pour
Bonnin dépassant Chassepot. Qu'au dix-neuvième siè-
cle, le continent, pour l'avantage de détruire une bour-
gade, Sébastopol, ait sacrifié la population d'une capi-
tale, sept cent quatre-vingt-cinq mille hommes[1], cela
semblera glorieux, mais singulier. Cette nation esti-
mera un tunnel sous les Alpes plus que la gargousse
Armstrong. Elle poussera l'ignorance au point de ne
pas savoir qu'on fabriquait en 1866 un canon pesant
vingt-trois tonnes appelé *Bigwill*. D'autres beautés et
magnificences du temps présent seront perdues; par
exemple, chez ces gens-là, on ne verra plus de ces bud-
gets, tels que celui de la France actuelle, lequel fait
tous les ans une pyramide d'or de dix pieds carrés de
base et de trente pieds de haut. Une pauvre petite île

1.

	Années.	Tués.	Morts à la suite de blessures ou de maladies.	Total.
Armée française ...	1854–1856	10,240	85,375	95,615
— anglaise	1854–1856	2,755	19,427	22,182
— piémontaise.	1855–1856	12	2,182	2,194
— turque......	1853–1856	10,000	25,000	35,000
— russe	1853–1856	30,000	600,000	630,000
		53,007	731,984	784,991

comme Jersey y regardera à deux fois avant de se pas-
ser, comme elle l'a fait le 6 août 1866, la fantaisie d'un
pendu dont le gibet coûte deux mille huit cents francs.
On n'aura pas de ces dépenses de luxe. Cette nation
aura pour législation un fac-similé, le plus ressemblant
possible, du droit naturel. Sous l'influence de cette
nation motrice, les incommensurables friches d'Amé-
rique, d'Asie, d'Afrique et d'Australie seront offertes
aux émigrations civilisantes; les huit cent mille bœufs
annuellement brûlés pour les peaux dans l'Amérique
du Sud seront mangés; elle fera ce raisonnement que,
s'il y a des bœufs d'un côté de l'Atlantique, il y a des
bouches qui ont faim de l'autre côté. Sous son impul-
sion, la longue traînée des misérables envahira magni-
fiquement les grasses et riches solitudes inconnues;
on ira aux Californies ou aux Tasmanies, non pour de
l'or, trompe-l'œil et grossier appât aujourd'hui, mais
pour la terre; les meurt-de-faim et les va-nu-pieds, ces
frères douloureux et vénérables de nos splendeurs
myopes et de nos prospérités égoïstes, auront, en dépit
de Malthus, leur table servie sous le même soleil; l'hu-
manité essaimera hors de la cité mère, devenue étroite,
et couvrira de ses ruches les continents; les solutions
probables des problèmes qui mûrissent, la locomotion
aérienne pondérée et dirigée, le ciel peuplé d'air-navi-
res[1], aideront à ces dispersions fécondes et verseront de
toutes parts la vie sur ce vaste fourmillement des travail-
leurs; le globe sera la maison de l'homme, et rien n'en
sera perdu; le Corrientes, par exemple, ce gigantesque
appareil hydraulique naturel, ce réseau veineux de
rivières et de fleuves, cette prodigieuse canalisation
toute faite, traversée aujourd'hui par la nage des bisons
et charriant des arbres morts, portera et nourrira cent
villes; quiconque voudra aura sur un sol vierge un
toit, un champ, un bien-être, une richesse, à la seule

1. *Avions et dirigeables.*

condition d'élargir à toute la terre l'idée patrie, et de se considérer comme citoyen et laboureur du monde; de sorte que la propriété, ce grand droit humain, cette suprême liberté, cette maîtrise de l'esprit sur la matière, cette souveraineté de l'homme interdite à la bête, loin d'être supprimée, sera démocratisée et universalisée. Il n'y aura plus de ligatures; ni péages aux ponts, ni octrois aux villes, ni douanes aux Etats, ni isthmes aux océans, ni préjugés aux âmes. Les initiatives en éveil et en quête feront le même bruit d'ailes que les abeilles. La nation centrale d'où ce mouvement rayonnera sur tous les continents sera parmi les autres sociétés ce qu'est la ferme modèle parmi les métairies. Elle sera plus que nation, elle sera civilisation; elle sera mieux que civilisation, elle sera famille. Unité de langue, unité de monnaie, unité de mètre, unité de méridien, unité de code; la circulation fiduciaire à son haut degré; le papier-monnaie à coupons faisant un rentier de quiconque a vingt francs dans son gousset; la paix, déesse à huit mamelles, majestueusement assise au milieu des hommes; aucune exploitation, ni des petits par les gros, ni des gros par les petits, et partout la dignité de l'utilité de chacun sentie par tous; l'idée de domesticité purgée de l'idée de servitude; l'égalité sortant toute construite de l'instruction gratuite et obligatoire; l'égout remplacé par le drainage; le châtiment remplacé par l'enseignement; la prison transfigurée en école; l'ignorance, qui est la suprême indigence, abolie; l'homme qui ne sait pas lire aussi rare que l'aveugle-né; le *jus contra legem* compris; la politique résorbée par la science; la simplification des antagonismes produisant la simplification des événements eux-mêmes; le côté factice des faits s'éliminant; pour loi, l'incontestable; pour unique sénat, l'Institut. Le gouvernement restreint à cette vigilance considérable, la voirie, laquelle a deux nécessités, circulation et sécurité. L'Etat n'intervenant jamais que pour offrir gratuitement le patron et l'épure. Concurrence absolue des à-peu-près en présence du type, marquant l'étiage du progrès. Nulle part l'entrave, partout la norme. Le collège normal, l'atelier normal, l'entrepôt normal, la boutique normale, la ferme normale, le théâtre normal, la publicité normale, et à côté la liberté. La liberté du cœur humain respectée au même titre que la liberté de l'esprit humain, aimer étant aussi sacré que penser. Une vaste marche en avant de la foule Idée conduite par l'esprit Légion. La circulation décuplée ayant pour résultat la production et la consommation centuplées; la multiplication des pains, de miracle, devenue réalité; les cours d'eau endigués, ce qui empêchera les inondations, et empoissonnés, ce qui produira la vie à bas prix; l'industrie engendrant l'industrie, les bras appelant les bras, l'œuvre faite se ramifiant en innombrables œuvres à faire, un perpétuel recommencement sorti d'un perpétuel achèvement, et, en tout lieu, à toute heure, sous la hache féconde du progrès, l'admirable renaissance des têtes de l'hydre sainte du travail. Pour guerre l'émulation. L'émeute des intelligences vers l'aurore. L'impatience du bien gourmandant les lenteurs et les timidités. Toute autre colère disparue. Un peuple fouillant les flancs de la nuit et opérant, au profit du genre humain, une immense extraction de clarté. Voilà quelle sera cette nation.

Cette nation aura pour capitale Paris, et ne s'appellera point la France; elle s'appellera l'Europe.

Elle s'appellera l'Europe au vingtième siècle, et, aux siècles suivants, plus transfigurée encore, elle s'appellera l'Humanité.

L'Humanité, nation définitive, est dès à présent entrevue par les penseurs, ces contemplateurs des pénombres; mais ce à quoi assiste notre siècle, c'est à la formation de l'Europe.

Vision majestueuse. Il y a dans l'embryogénie des

peuples, comme dans celle des êtres, une heure sublime de transparence. Le mystère consent à se laisser regarder. Au moment où nous sommes, une gestation auguste est visible dans les flancs de la civilisation.

L'Europe, une, y germe. Un peuple, qui sera la France sublimée, est en train d'éclore. L'ovaire profond du progrès fécondé porte, sous cette forme dès à présent distincte, l'avenir. Cette nation qui sera, palpite dans l'Europe actuelle comme l'être ailé dans la larve reptile. Au prochain siècle, elle déploiera ses deux ailes, faites, l'une de liberté, l'autre de volonté.

Le continent fraternel, tel est l'avenir. Qu'on en prenne son parti, cet immense bonheur est inévitable.

Avant d'avoir son peuple, l'Europe a sa ville.

De ce peuple qui n'existe pas encore, la capitale existe déjà. Cela semble un prodige, c'est une loi. Le fœtus des nations se comporte comme le fœtus de l'homme, et la mystérieuse construction de l'embryon, à la fois végétation et vie, commence toujours par la tête[1].

* *
*

Ceci vaut la peine d'être développé. L'auteur le fera peut-être quelque jour. Quand il l'aura fait, on saisira mieux l'ensemble des ouvrages qu'il a produits jusqu'ici ; on en pénétrera la pensée ; on en comprendra la cohésion. Ce faisceau a un lien. En attendant, il le dit et il est heureux de le redire, oui, la civilisation tout entière est la patrie du poète. Cette patrie n'a d'autre frontière que la ligne sombre et fatale où commence la barbarie. Un jour, espérons-le, le globe entier sera civilisé, tous les points de la demeure humaine seront éclairés, et alors sera accompli le magnifique rêve de l'intelligence : avoir pour patrie le monde et pour nation l'humanité[2].

1. *Paris.* — L'Avenir.
2. *Les Burgraves.* — Préface.

Du socialisme non collectif. — Le travail générateur de la propriété. — Pour la propriété individuelle et les associations (syndicales), contre les « monastères » et les « couvents » laïques.

> « Si, à moi qui ne suis rien dans l'Etat, la parole m'était donnée sur les affaires du pays, je la demanderais seulement sur l'ordre du jour, et je sommerais les gouvernements de substituer les questions sociales aux questions politiques. » (*Avant l'Exil.* — Réunions électorales.)

*
* *

Messieurs, permettez-moi d'adresser du haut de cette tribune quelques paroles à cette classe de penseurs sévères et convaincus qu'on appelle les socialistes, et de jeter avec eux un coup d'œil rapide sur la question générale qui trouble, à cette heure, tous les esprits et qui envenime tous les événements, c'est-à-dire sur le fond réel de la situation actuelle.

La question, à mon avis, la grande question fondamentale qui saisit la France en ce moment et qui emplira l'avenir, cette question n'est pas dans un mot, elle est dans un fait. On aurait tort de la poser dans le mot *république*, elle est dans le fait *démocratie*; fait considérable, qui doit engendrer l'état définitif des sociétés modernes et dont l'avènement pacifique est, je le déclare, le but de tout esprit sérieux.

C'est parce que la question est dans le fait *démocratie* et non dans le mot *république*, qu'on a eu raison de dire que ce qui se dresse aujourd'hui devant nous avec des menaces selon les uns, avec des promesses selon les autres, ce n'est pas une question politique, c'est une question sociale.

Représentants du peuple, la question est dans le peuple, dans les détresses du peuple, dans les détresses des campagnes qui n'ont point assez de bras, et des villes

qui en ont trop, dans l'ouvrier qui n'a qu'une chambre
où il manque d'air, et une industrie où il manque de
travail, dans l'enfant qui va pieds nus, dans la malheu-
reuse jeune fille que la misère ronge et que la prostitu-
tion dévore, dans le vieillard sans asile, à qui l'absence
de la providence sociale fait nier la providence divine;
la question est dans ceux qui souffrent, dans ceux qui
ont froid et qui ont faim. La question est là.

Eh bien, — socialiste moi-même, c'est aux socialistes
impatients que je m'adresse, — est-ce que vous croyez
que ces souffrances ne nous prennent pas le cœur? est-
ce que vous croyez qu'elles nous laissent insensibles?
est-ce que vous croyez qu'elles n'éveillent pas en nous
le plus tendre respect, le plus profond amour, la plus
ardente et la plus poignante sympathie? Oh! comme
vous vous tromperiez! Seulement, en ce moment, au
moment où nous sommes, il n'y a plus seulement la
détresse de cette portion de la population qu'on appelle
plus spécialement le peuple, il y a la détresse générale
de tout le reste de la nation. Plus de confiance, plus de
crédit, plus d'industrie, plus de commerce; la demande
a cessé, les débouchés se ferment, les faillites se multi-
plient, les loyers et les fermages ne se payent plus, tout
a fléchi à la fois; les familles riches sont gênées, les
familles aisées sont pauvres, les familles pauvres sont
affamées.

A mon sens, le pouvoir révolutionnaire s'est mépris.
J'accuse les fausses mesures, j'accuse aussi et surtout
la fatalité des circonstances.

Le problème social était posé. Quant à moi, j'en com-
prenais ainsi la solution : n'effrayer personne, rassurer
tout le monde, appeler les classes jusqu'ici déshéritées,
comme on les nomme, aux jouissances sociales, à l'é-
ducation, au bien-être, à la consommation abondante,
à la vie à bon marché, à la propriété rendue facile[1]...

1. *Avant l'Exil.* — Assemblée constituante.

La disparition de la misère, la production du bien-être, aucune spoliation, aucune violence, le crédit public sous la forme de monnaie fiduciaire à rente créant le crédit individuel, l'atelier communal et le magasin communal assurant le droit au travail, la propriété non collective, ce qui serait un retour au moyen âge, mais démocratisée et rendue accessible à tous ; la circulation, qui est la vie décuplée, en un mot l'assainissement des hommes par le devoir combiné avec le droit ; tel est le but[1].

Oui, le prolétariat doit disparaître ; mais je ne suis pas de ceux qui pensent que la propriété disparaîtra. Savez-vous, si la propriété était frappée, ce qui serait tué ? Ce serait le travail.

Car, qu'est-ce que c'est que le travail ? C'est l'élément générateur de la propriété. Et qu'est-ce que c'est que la propriété ? C'est le résultat du travail. Il m'est impossible de comprendre la manière dont certains socialistes ont posé cette question. Ce que je veux, ce que j'entends, c'est que l'accès de la propriété soit rendu facile à l'homme qui travaille, c'est que l'homme qui travaille soit sacré pour celui qui ne travaille plus. Il vient une heure où l'on se repose. Qu'à l'heure où l'on se repose on se souvienne de ce qu'on a souffert lorsqu'on travaillait, qu'on s'en souvienne pour améliorer sans cesse le sort des travailleurs ! Le but d'une société bien faite, le voici : élargir et adoucir sans cesse la montée, autrefois si rude, qui conduit du travail à la propriété, de la condition pénible à la condition heureuse, du prolétariat à l'émancipation, des ténèbres où sont les esclaves à la lumière où sont les hommes libres. Dans la civilisation vraie, la marche de l'humanité est une ascension continuelle vers la lumière et la liberté !

Remarquez que, si je n'ai pas prononcé le mot *association*, j'ai souvent prononcé le mot *société*. Or, au

---

1. *Depuis l'Exil.* — Paris.

fond de ces deux mots, société, association, qu'y-a-t-il?
La même idée : *fraternité*.

Oui, je veux que l'esprit d'association pénètre et
vivifie toute la cité. C'est là mon idéal; mais il y a
deux manières de comprendre cet idéal.

Les uns veulent faire de la société humaine une im-
mense famille.

Les autres veulent en faire un immense monastère.

Je suis contre le monastère et pour la famille.

Il ne suffit pas que les hommes soient associés, il faut
encore qu'ils soient sociables.

J'ai lu les écrits de quelques socialistes célèbres, et
j'ai été surpris de voir que nous avions en France tant
de fondateurs de couvents.

Mais ce que je n'aurais jamais cru ni rêvé, c'est que
ces fondateurs de couvents eussent la prétention d'être
populaires.

Je n'accorde pas que ce soit un progrès pour un
homme de devenir moine, et je trouve étrange qu'après
un siècle de révolutions faites contre les idées monasti-
ques et féodales, nous y revenions tout doucement,
avec les interprétations du mot *association*. Oui, l'asso-
ciation, telle que je la vois expliquée dans les écrits
accrédités de certains socialistes, — moi écrivain un peu
bénédictin, qui ai feuilleté le moyen âge, je la connais;
elle existait à Cluny, à Cîteaux, elle existe à la Trappe.
Voulez-vous en venir là? Regardez-vous comme le
dernier mot des sociétés humaines le monastère de
l'abbé de Rancé? Ah! c'est un spectable admirable!
Rien au monde n'est plus beau; c'est l'abnégation à la
plus haute puissance, ces hommes ne faisant rien pour
eux-mêmes, faisant tout pour le prochain, mieux encore,
faisant tout pour Dieu! Je ne sache rien de plus beau.
Je ne sache rien de moins humain. Si vous voulez tran-
cher de cette manière héroïque les questions humaines,
soyez sûrs que vous n'atteindrez pas votre but. Quoique
cela soit beau, je crois que cela est mauvais. Oui, une

chose peut à la fois être belle et mauvaise! et je vous
invite, vous tous penseurs, à réfléchir sur ce point. Les
meilleurs esprits, les plus sages en apparence, peuvent
se tromper, et, voyant une chose belle, dire : elle est
bonne. Eh bien! non, le couvent, qui est beau, n'est pas
bon! non, la vie monastique, qui est sublime, n'est pas
applicable! Il ne faut pas rêver l'homme autrement
que Dieu ne l'a fait. Pour lui donner des perfections
impossibles, vous lui ôteriez ses qualités naturelles.
Pensez-y bien, l'homme devenu un moine, perdant son
nom, sa tradition de famille, tous ses liens de nature,
ne comptant plus que comme un chiffre, ce n'est plus
un homme, car ce n'est plus un esprit, car ce n'est plus
une liberté! Vous croyez l'avoir fait monter bien haut,
regardez, vous l'avez fait tomber bien bas. Sans doute,
il faut limiter l'égoïsme; mais, dans la vie telle que la
providence l'a faite à notre infirmité, il ne faut pas exa-
gérer l'oubli de soi-même. L'oubli de soi-même, bien
compris, s'appelle abnégation; mal compris, il s'appelle
abrutissement. Socialistes, songez-y! les révolutions
peuvent changer la société, mais elles ne changent pas
le cœur humain. Le cœur humain est à la fois ce qu'il
y a de plus tendre et ce qu'il y a de plus résistant. Pre-
nez garde à votre étrange progrès! il va droit contre la
volonté de Dieu. N'ôtez pas au peuple la famille pour
lui donner le monastère[1]!

*
* *

. . . .
Ils construisent, mettant en ordre le destin
Comme un vaisseau réglé de la hune à la cale,
Une fraternité blafarde et monacale
Entre les froids vivants que rien ne lie entre eux.
Ce rêve fut déjà rêvé par les chartreux.
L'homme est ronce et végète; il est ver et fourmille;

1. *Avant l'Exil.* — Séance des cinq associations.

Plus de nom paternel, plus de nom de famille ;
Pas de tradition, pas de transmission ;
L'être est isolement et disparition ;
Ils réduisent, voyant l'idéal dans la chute,
L'homme à l'individu, le temps à la minute ;
L'homme est un numéro dans l'infini, flottant
Hors de ce qui l'engendre et de ce qui l'attend,
Vain, fuyant, coudoyé par d'autres chiffres vagues ;
L'humanité n'est plus qu'un tremblement de vagues ;
Ayant vu les abus, ils disent : — Supprimons ;
Puisque l'air est malsain, retranchons les poumons ;
L'opprobre du passé doit emporter sa gloire ; —
Ils rêvent une perte infâme de mémoire,
Un monde social sans pères, établi
Sur l'immensité morne et blême de l'oubli ;
Ils combinent Lycurgue et le pacha du Caire ;
L'homme enregistré naît et meurt sous une équerre ;
Le pied doit s'emboîter dans le niveau, le pas
Doit avant de s'ouvrir consulter le compas ;
De cette égalité dure et qui vit à peine,
La liberté s'en va, vieille républicaine,
Car elle est la rebelle et ne sait pas plier ;
Chacun doit à son heure entrer à l'atelier,
Chacun a son cadran, chacun a sa banquette ;
L'homme dans un casier avec une étiquette,
Délié de son père, ignorant son aïeul,
·C'est là le dernier mot du progrès, — l'homme seul.
Ces fous mettraient un chiffre au blanc poitrail du cygne ;
Géomètres, ils font un songe rectiligne ;
Esprits qui n'ont jamais contre terre écouté
Le silence du gouffre et de l'éternité,
Jamais collé l'oreille au mur des catacombes,
Cœurs sourds au battement mystérieux des tombes,
Chassant les disparus, parquant les arrivants,
Ils abolissent, plaie effroyable aux vivants,
La solidarité sépulcrale des hommes.
— Mais l'homme est un total, les êtres sont des sommes ;

Tout homme est composé de tout le genre humain;
Aujourd'hui meurt, tronqué d'hier et de demain; —
Ces vérités sont là; qu'importe! ils font le vide,
Ils coupent, dans l'espace insondable et livide,
Le fil sacré qui lie aux cercueils les berceaux;
Ils écrasent l'obscur tressaillement des os;
Ils ne comprennent point que dans la sépulture
La terre garde encore une pâle ouverture,
Que le trépassé voit, et que l'enseveli
Parfois à son linceul fait faire un vague pli
Afin d'apercevoir les hommes, et s'adosse
Pour écouter au mur ténébreux de la fosse;
Du fond d'on ne sait quelle existence on entend;
A ce que fait la vie on reste palpitant;
Ils ne comprennent pas que la sainte série
Des aïeux, à travers le sépulcre attendrie,
Suit tout des yeux, s'émeut à voir hors du tombeau
Courir de main en main le frissonnant flambeau,
Et que dans les enfants le père continue.
Chose sombre! fermer la paupière inconnue.
Eteindre ce regard d'en haut, et, sans remords,
Etouffer ce grand souffle obscur; tuer les morts[1]!

*
* *

RÉFORMES SOCIALES. — APPEL AU PARLEMENT

. . . .

Il faut profiter de l'ordre reconquis pour relever le
travail, pour créer sur une vaste échelle la prévoyance
sociale, pour substituer à l'aumône qui dégrade l'assis-
tance qui fortifie, pour fonder de toutes parts, et sous
toutes les formes, des établissements de toute nature
qui rassurent le malheureux et qui encouragent le tra-
vailleur, pour donner cordialement, en améliorations
de toutes sortes aux classes souffrantes, plus, cent fois

1. *L'Ane.* — *L'Homme vis-à-vis de la société.*

plus que leurs faux amis ne leur ont jamais promis!
Voilà comment il faut profiter de la victoire.

Et, messieurs, considérez le moment où vous êtes.
Depuis dix-huit mois, on a vu le néant de bien des
rêves. Les chimères qui étaient dans l'ombre en sont
sorties, et le grand jour les a éclairées; les fausses théo-
ries ont été sommées de s'expliquer, les faux systèmes
ont été mis au pied du mur; qu'ont-ils produit? Rien.
Beaucoup d'illusions se sont évanouies dans les masses,
et, en s'évanouissant, ont fait crouler les popularités
sans base et les haines sans motifs. L'éclaircissement
vient peu à peu; le peuple a l'instinct du vrai comme
il a l'instinct du juste, et, dès qu'il s'apaise, le peuple est
le bon sens même; la lumière pénètre dans son esprit;
en même temps la fraternité pratique, la fraternité
qu'on ne décrète pas, la fraternité qu'on n'écrit pas sur
les murs, la fraternité qui naît du fond des choses et
de l'identité réelle des destinées humaines, commence à
germer dans toutes les âmes, dans l'âme du riche comme
dans l'âme du pauvre; partout, en haut, en bas, on se
penche les uns vers les autres avec cette inexprimable
soif de concorde qui marque la fin des dissensions
civiles. La société veut se remettre en marche après
cette halte au bord d'un abîme. Eh bien! jamais, jamais
moment ne fut plus propice, mieux choisi, plus claire-
ment indiqué par la providence pour accomplir, après
tant de colères et de malentendus, la grande œuvre qui
peut, tout entière, s'exprimer dans un seul mot : Récon-
ciliation.

*
* *

... Donner à cette assemblée pour objet principal
l'étude du sort des classes souffrantes, environner cette
étude de solennité, tirer de cette étude approfondie toutes
les améliorations pratiques et possibles; substituer une
grande et unique commission de l'assistance et de la
prévoyance publique à toutes les commissions secon-

18

daires qui ne voient que le détail et auxquelles l'ensem-
ble échappe; placer cette commission très haut, de ma-
nière à ce qu'on l'aperçoive du pays entier; réunir les
lumières éparses, les expériences disséminées, les efforts
divergents, les dévouements, les documents, les recher-
ches partielles, les enquêtes locales, toutes les bonnes
volontés en travail, et leur créer ici un centre, un centre
où aboutiront toutes les idées, et d'où rayonneront
toutes les solutions; faire sortir pièce à pièce, loi à loi,
mais avec ensemble, avec maturité, des travaux de la
législature actuelle le code coordonné et complet, le
grand code chrétien de la prévoyance et de l'assistance
publique; en un mot, étouffer les chimères d'un cer-
tain socialisme sous les réalités de l'évangile : voilà
le but.

Je viens de dire : les chimères d'un certain socialisme,
et je ne veux rien retirer de cette expression, qui n'est
pas même sévère, qui n'est que juste. Expliquons-nous
cependant. Est-ce à dire que, dans cet amas de notions
confuses, d'aspirations obscures, d'illusions inouïes,
d'instincts irréfléchis, de formules incorrectes, qu'on
désigne sous ce nom vague et d'ailleurs fort peu com-
pris de *socialisme,* il n'y ait rien de vrai, absolument
rien de vrai?

S'il n'y avait rien de vrai, il n'y aurait aucun danger.
La société pourrait dédaigner et attendre. Pour que
l'imposture ou l'erreur soient dangereuses, pour
qu'elles pénètrent dans les masses, pour qu'elles puis-
sent percer jusqu'au cœur même de la société, il faut
qu'elles se fassent une arme d'une partie quelconque de
la réalité. La vérité ajustée aux erreurs, voilà le péril.
En pareille matière, la quantité de danger se mesure à
la quantité de vérité contenue dans les chimères.

Eh bien, disons-le, et disons-le précisément pour
trouver le remède, il y a au fond du socialisme une
partie des réalités douloureuses de notre temps et de
tous les temps; il y a le malaise éternel propre à l'infir-

mité humaine ; il y a l'aspiration à un sort meilleur, qui
n'est pas moins naturelle à l'homme, mais qui se trompe
souvent de route en cherchant dans ce monde ce qui
ne peut être trouvé que dans l'autre. Il y a des détresses
très vives, très vraies, très poignantes, très guérissables.
Il y a enfin, et ceci est tout à fait propre à notre temps,
il y a cette attitude nouvelle donnée à l'homme par nos
révolutions, qui ont constaté si hautement et placé si
haut la dignité humaine et la souveraineté populaire ;
de sorte que l'homme du peuple aujourd'hui souffre
avec le sentiment double et contradictoire de sa misère
résultant du fait et de sa grandeur résultant du droit.

C'est tout cela qui est dans le socialisme, c'est tout
cela qui s'y mêle aux passions mauvaises, c'est tout
cela qui en fait la force, c'est tout cela qu'il faut en
ôter.

Comment ?

En éclairant ce qui est faux, en satisfaisant ce qui est
juste. Une fois cette opération faite, faite consciencieu-
sement, loyalement, honnêtement, ce que vous redoutez
dans le socialisme disparaît. En lui retirant ce qu'il a
de vrai, vous lui retirez ce qu'il a de dangereux. Ce
n'est plus qu'un informe nuage d'erreurs que le premier
souffle emportera.

Trouvez bon que je complète ma pensée. La question
qui s'agite est grave. C'est la plus grave de toutes celles
qui peuvent être traitées.

Je ne suis pas de ceux qui croient qu'on peut suppri-
mer la souffrance en ce monde, la souffrance est une
loi divine, mais je suis de ceux qui pensent et qui affir-
ment qu'on peut détruire la misère.

Remarquez-le bien, je ne dis pas diminuer, amoindrir,
limiter, circonscrire, je dis détruire. La misère est une
maladie du corps social comme la lèpre était une mala-
die du corps humain ; la misère peut disparaître comme
la lèpre a disparu. Détruire la misère ! oui, cela est
possible. Les législateurs et les gouvernants doivent

y songer sans cesse; car, en pareille matière, tant que le possible n'est pas fait, le devoir n'est pas rempli.

La misère, j'aborde ici le vif de la question, voulez-vous savoir où elle en est, la misère? Voulez-vous savoir jusqu'où elle peut aller, jusqu'où elle va, je ne dis pas en Irlande, je ne dis pas au moyen âge, je dis en France, je dis à Paris, et au temps où nous vivons? Voulez-vous des faits?

Il y a dans Paris... Mon Dieu, je n'hésite pas à les citer, ces faits. Ils sont tristes, mais nécessaires à révéler; et, s'il faut dire toute ma pensée, je voudrais qu'il sortît de cette assemblée, et au besoin j'en ferai la proposition formelle, une grande et solennelle enquête sur la situation vraie des classes laborieuses et souffrantes en France. Je voudrais que tous les faits éclatassent au grand jour. Comment veut-on guérir le mal si l'on ne sonde pas les plaies?

Voici donc ces faits.

Il y a dans Paris, dans ces faubourgs de Paris que le vent de l'émeute soulevait naguère si aisément, il y a des rues, des maisons, des cloaques, où des familles, des familles entières, vivent pêle-mêle, hommes, femmes, jeunes filles, enfants, n'ayant pour lits, n'ayant pour couvertures, j'ai presque dit pour vêtements, que des monceaux infects de chiffons en fermentation, ramassés dans la fange du coin des bornes, espèce de fumier des villes, où des créatures humaines s'enfouissent toutes vivantes pour échapper au froid de l'hiver.

Voilà un fait. En voici d'autres. Ces jours derniers, un homme, mon Dieu, un malheureux homme de lettres, car la misère n'épargne pas plus les professions libérales que les professions manuelles, un malheureux homme est mort de faim, mort de faim à la lettre, et l'on a constaté, après sa mort, qu'il n'avait pas mangé depuis six jours. Voulez-vous quelque chose de plus douloureux encore? Le mois passé, on a trouvé une

mère et ses quatre enfants qui cherchaient leur nour-
riture dans les débris immondes et pestilentiels des
charniers de Montfaucon !

Eh bien, je dis que ce sont là des choses qui ne doivent
pas être ; je dis que la société doit dépenser toute sa
force, toute sa sollicitude, toute son intelligence, toute
sa volonté, pour que de telles choses ne soient pas. Je
dis que de tels faits, dans un pays civilisé, engagent la
conscience de la société tout entière; que je m'en sens,
moi qui parle, complice et solidaire, et que de tels faits
ne sont pas seulement des torts envers l'homme, que ce
sont des crimes envers Dieu[1] !

Réplique aux socialistes allemands qui ont nié la possibilité d'une république allemande.

Après la révolution russe de mars 1917, les socialistes russes
ayant invité les socialistes allemands à proclamer la république
dans leur pays, la sozial démokratie, par son organe le *Vorwœrtz*,
répondit qu'elle se solidarisait, au contraire, avec l'impérialisme
des Hohenzollern :

« Actuellement, la Sozialdémocratie russe doit être attelée au
char de l'impérialisme bourgeois, et on emploie avec beaucoup
d'habileté, comme harnachement, l'idéologie démocratique. On
dit aux socialistes russes :

« La lutte soutenue par l'Entente est une lutte pour la démo-
cratie, et cette lutte ne doit pas cesser avant que l'Allemagne soit
devenue une république.

« A ce sujet, nous ferons observer ce qui suit. Tout d'abord, la
demande d'une république allemande ne peut être formulée que
par les Allemands, mais non point par les Russes et les Français,
et non plus par les sujets du roi d'Angleterre ou du roi d'Italie.
Aucun peuple n'a le droit d'imposer à un autre, par la force, sa
forme de gouvernement. En outre, nous avons quelques rensei-
gnements sérieux sur les vœux du peuple allemand en ce qui
concerne la forme du gouvernement. Aux dernières élections du
Reischtag, 12 millions 188.000 suffrages ont été émis au scrutin
secret; sur ce chiffre, 4 millions 238.000 sont allés à la sozialdé-
mokratie. Que tous les électeurs qui ont voté pour les socialistes
aient été des républicains convaincus, nous ne voudrions nulle-

---

1. *Avant l'Exil.* — Assemblée législative. — La misère.

ment le prétendre. Mais que les 7 millions 949.000 autres élec-
teurs ne l'aient pas été, cela, on peut l'admettre avec certitude.
Au Reichstag, sur 397 députés, 286 sont des monarchistes décla-
rés. On ne doit donc pas méconnaître la force de la monarchie en
Allemagne. »

A la suite de cette adhésion officielle du parti socialiste à l'im-
périalisme des Hohenzollern, donc aux buts de guerre poursuivis
par l'Allemagne, le *Berliner Tageblatt* écrivait :

« L'attitude de l'organe central du parti socialiste est d'autant
plus remarquable que les masses allemandes avaient toujours
entrevu l'avènement d'une république. »

Nos ennemis disent : le socialisme, au besoin, accep-
terait l'empire. Cela n'est pas. Nos ennemis disent : la
république ignore le socialisme. Cela n'est pas.

La haute formule définitive (Liberté, Egalité, Frater-
nité), en même temps qu'elle exprime toute la républi-
que, exprime aussi tout le socialisme.

A côté de la liberté, qui implique la propriété, il y a
l'égalité, qui implique le droit au travail, formule su-
perbe de 1848! et il y a la fraternité, qui implique la
solidarité.

Donc, république et socialisme, c'est un.

Moi qui vous parle, je ne suis pas ce qu'on appelait
autrefois un républicain de la veille, mais je suis un
socialiste de l'avant-veille. Mon socialisme date de
1828. J'ai donc le droit d'en parler.

Le socialisme est vaste et non étroit. Il s'adresse à
tout le problème humain. Il embrasse la conception
sociale tout entière. En même temps qu'il pose l'im-
portante question du travail et du salaire, il proclame
l'inviolabilité de la vie humaine, l'abolition du meurtre
sous toutes ses formes, la résorption de la pénalité par
l'éducation, merveilleux problème résolu. Il proclame
l'enseignement gratuit et obligatoire. Il proclame le
droit de la femme, cette égale de l'homme. Il proclame
le droit de l'enfant, cette responsabilité de l'homme. Il
proclame enfin la souveraineté de l'individu, qui est
identique à la liberté.

Qu'est-ce que tout cela? C'est le socialisme. Oui. C'est aussi la république.

Citoyens, le socialisme affirme la vie, la république affirme le droit. L'un élève l'individu à la dignité d'homme, l'autre élève l'homme à la dignité de citoyen. Est-il un plus profond accord?

Oui, nous sommes tous d'accord, nous ne voulons pas de césar, et je défends le socialisme calomnié!

Le jour où la question se poserait entre l'esclavage avec le bien-être, *panem et circenses,* d'un côté, et, de l'autre, la liberté avec la pauvreté, — pas un, ni dans les rangs républicains, ni dans les rangs socialistes, pas un n'hésiterait! et tous, je le déclare, je l'affirme, j'en réponds, tous préféreraient au pain blanc de la servitude le pain noir de la liberté.

Donc, ne laissons pas poindre et germer l'antagonisme. Serrons-nous donc, mes frères socialistes, mes frères républicains, serrons-nous étroitement autour de la justice et de la vérité, et faisons front à l'ennemi.

Qu'est l'ennemi?

L'ennemi c'est plus et moins qu'un homme. C'est un ensemble de faits hideux qui pèse sur le monde et qui le dévore. C'est un monstre aux mille griffes, quoique cela n'ait qu'une tête. L'ennemi, c'est cette incarnation sinistre du vieux crime militaire et monarchique, qui nous bâillonne et nous spolie, qui met la main sur nos bouches et dans nos poches, qui a les millions, qui a les budgets, les juges, les prêtres, les valets, les palais, les listes civiles, toutes les armées, — et pas un seul peuple.

Citoyens, soyons les ennemis de l'ennemi, et soyons nos amis! Soyons une seule âme pour le combattre et un seul cœur pour nous aimer. Ah! citoyens: fraternité!

Tournons-nous vers l'avenir. Songeons au jour certain, au jour inévitable, au jour prochain peut-être, où toute l'Europe sera constituée comme ce noble petit peuple suisse qui a ses grandeurs, ce petit peuple; il a une patrie qui s'appelle la République, et il a une montagne qui s'appelle la Vierge.

Ayons comme lui la République pour citadelle, et que notre liberté, immaculée et inviolée, soit, comme la Jungfrau, une cime vierge en pleine lumière.

Je salue la révolution future[1].

1. *Pendant l'Exil,* 1869.

CONCLUSION

Temps futurs! Vision sublime!

Tout l'univers n'est plus qu'une famille unie...
Les temps heureux luiront, non pour la seule France,
Mais pour tous.

LUX

Temps futurs! vision sublime!
Les peuples sont hors de l'abîme.
Le désert morne est traversé.
Après les sables, la pelouse;
Et la terre est comme une épouse,
Et l'homme est comme un fiancé!

Dès à présent l'œil qui s'élève
Voit distinctement ce beau rêve
Qui sera le réel un jour;
Car Dieu dénoûra toute chaîne,
Car le passé s'appelle haine
Et l'avenir se nomme amour!

Dès à présent dans nos misères
Germe l'hymen des peuples frères;
Volant sur nos sombres rameaux,
Comme un frelon que l'aube éveille,
Le progrès, ténébreuse abeille,
Fait du bonheur avec nos maux.

Oh! voyez! la nuit se dissipe.

Sur le monde qui s'émancipe,
Oubliant Césars et Capets,
Et sur les nations nubiles,
S'ouvrent dans l'azur, immobiles,
Les vastes ailes de la paix !

O libre France enfin surgie !
O robe blanche après l'orgie !
O triomphe après les douleurs !
Le travail bruit dans les forges,
Le ciel rit, et les rouges-gorges
Chantent dans l'aubépine en fleurs !

La rouille mord les hallebardes.
De vos canons, de vos bombardes,
Il ne reste pas un morceau
Qui soit assez grand, capitaines,
Pour qu'on puisse prendre aux fontaines
De quoi faire boire un oiseau.

Les rancunes sont effacées ;
Tous les cœurs, toutes les pensées,
Qu'anime le même dessein,
Ne font plus qu'un faisceau superbe ;
Dieu prend pour lier cette gerbe
La vieille corde du tocsin.

Au fond des cieux un point scintille.
Regardez, il grandit, il brille,
Il approche, énorme et vermeil.
O République universelle,
Tu n'es encor que l'étincelle,
Demain tu seras le soleil[1].

⁂

Fêtes dans les cités, fêtes dans les campagnes !
Les cieux n'ont plus d'enfers, les lois n'ont plus de bagnes.

1. *Les Châtiments.* — *Lux.*

Où donc est l'échafaud? ce monstre a disparu.
Tout renaît. Le bonheur de chacun est accru
De la félicité des nations entières.
Plus de soldats l'épée au poing, plus de frontières,
Plus de fisc, plus de glaive ayant forme de croix.
L'Europe en rougissant dit : — Quoi! j'avais des rois!
Et l'Amérique dit : — Quoi! j'avais des esclaves!
Science, art, poésie, ont dissous les entraves
De tout le genre humain. Où sont les maux soufferts?
Les libres pieds de l'homme ont oublié les fers.
Tout l'univers n'est plus qu'une famille unie.
Le saint labeur de tous se fond en harmonie;
Et la société, qui d'hymnes retentit,
Accueille avec transport l'effort du plus petit ;
L'ouvrage du plus humble au fond de sa chaumière
Emeut l'immense peuple heureux dans la lumière;
Toute l'humanité, dans sa splendide ampleur,
Sent le don que lui fait le monde travailleur ;
Ainsi les verts sapins, vainqueurs des avalanches,
Les grands chênes remplis de feuilles et de branches,
Les vieux cèdres touffus, plus durs que le granit,
Quand la fauvette en mai vient y faire son nid,
Tressaillent dans leur force et leur hauteur superbe,
Tout joyeux qu'un oiseau leur apporte un brin d'herbe,

Radieux avenir! essor universel!
Epanouissement de l'homme sous le ciel!

*
* *

Les temps heureux luiront, non pour la seule France,
Mais pour tous. On verra, dans cette délivrance,
      Funeste au seul passé,
Toute l'humanité chanter, de fleurs couverte,
Comme un maître qui rentre en sa maison déserte,
      Dont on l'avait chassé.

Les tyrans s'éteindront comme des météores.

Et, comme s'il naissait de la nuit deux aurores
    Dans le même ciel bleu,
Nous vous verrons sortir de ce gouffre où nous sommes,
Mélant vos deux rayons, fraternité des hommes,
    Paternité de Dieu!

Oui, je vous le déclare, oui, je vous le répète,
Car le clairon redit ce que dit la trompette,
    Tout sera paix et jour!
Liberté! plus de serf et plus de prolétaire!
O sourire d'en haut! ô du ciel pour la terre
    Majestueux amour!

L'arbre saint du Progrès, autrefois chimérique,
Croîtra, couvrant l'Europe et couvrant l'Amérique,
    Sur le passé détruit,
Et, laissant l'éther pur luire à travers ses branches,
Le jour apparaîtra plein de colombes blanches,
    Plein d'étoiles, la nuit.

Et nous qui serons morts, morts dans l'exil peut-être,
Martyrs saignants, pendant que les hommes sans maître
    Vivront, plus fiers, plus beaux,
Sous ce grand arbre, amour des cieux qu'il avoisine,
Nous nous réveillerons pour baiser sa racine,
    Au fond de nos tombeaux[1].

1. En plantant le chêne des Etats-Unis d'Europe. — *Les Quatre Vents de l'Esprit.*

FIN

2 20

IMPRIMERIE DELAGRAVE
VILLEFRANCHE-DE-ROUERGUE

Librairie *DELAGRAVE*, 15, rue Soufflot, Paris.

BIBLIOTHÈQUE D'HISTOIRE ET DE POLITIQUE

La Guerre, par E. Denis, prof. à la Sorbonne. In-18, br.

L'Angleterre, par E. Guyot. In 18, br.

La Chine, par G. Maspero. In-18, br.

La Grande Serbie, par E. Denis. In-18, 2 cartes, br.

L'Italie, par A. Pingaud. Préface de E. Denis. In-18, br.

Les Slovaques, par E. Denis. In-18, br.

L'Allemagne et la Paix, par E. Denis. In-18, br.

Petite Histoire de la Grande Guerre, par H. Vast, (Atlas de 19 cartes). In-18, br.

En Batterie! par le L' Fonsagrive, *Verdun 1916 - Somme - Aisne - Verdun 1917* - In-18 br.

L'Alsace et la Lorraine à travers l'Histoire de France, (843 à 1914), par E. Colin, 1 carte. In-18, br.

L'Ame Paysanne, par le D' E. Labat. In-18, br.

Le Colonel Driant, par G. Jollivet. In-18, br.

La Guerre vue en son cours, par Paul Leroy-Beaulieu, de l'Institut. 2 vol. in-18. Chaque vol., br.

Histoire de la Marseillaise, par J. Tiersot. Ill. 8 planches photo. In-8° br.

Richesses privées et Finances françaises *de l'avant-guerre à l'après-guerre,* par R. Pupin. In-18, br.

Chez eux, par Léon Blanchin, blessé rapatrié. In-18, br.

L'Alsace-Lorraine, par A. Prignet. Préface de Daniel Blumenthal, ancien maire de Colmar. In-8°, ill., br. ou rel.

La Serbie Légendaire, par Mme G. Clapier. In-18, br.

Le Soldat Serbe, par le Colonel H. Angell. 1 vol. in-18, nombreuses photographies, br.

Les Alliés et les Neutres, par Ernest Lémonon. In-18, br.

L'Allemagne à la conquête de l'Italie, par Giovanni Preziosi; trad. par Ernest Lémonon. In-18, br.

Le Martyre et la Gloire de l'Art français, par Léon Rosenthal; 16 pl. hors-texte. In-8°, br.. 4 50 — relié.

La Vie de roman de Lloyd George, par Beriah Evans; trad. par R. Lebelle. In-18, br.

Histoire de la Révolution de 1848, par Gaston Bouniols. In-18, br.

LA VOIX DE VICTOR HUGO DANS LA GUERRE MONDIALE

www.ingramcontent.com/pod-product-compliance
Lightning Source LLC
Chambersburg PA
CBHW060025100426
42740CB00010B/1601